Kauany Andressa de Oliveira Souza
Osvaldo de Lima Albuquerque Neto

La flipped classroom nell'insegnamento dei cicli biogeochimici

Kauany Andressa de Oliveira Souza
Osvaldo de Lima Albuquerque Neto

La flipped classroom nell'insegnamento dei cicli biogeochimici

Un approccio innovativo all'insegnamento della chimica nell'istruzione di base

ScienciaScripts

Imprint

Any brand names and product names mentioned in this book are subject to trademark, brand or patent protection and are trademarks or registered trademarks of their respective holders. The use of brand names, product names, common names, trade names, product descriptions etc. even without a particular marking in this work is in no way to be construed to mean that such names may be regarded as unrestricted in respect of trademark and brand protection legislation and could thus be used by anyone.

Cover image: www.ingimage.com

This book is a translation from the original published under ISBN 978-620-5-50486-4.

Publisher:
Sciencia Scripts
is a trademark of
Dodo Books Indian Ocean Ltd. and OmniScriptum S.R.L publishing group

120 High Road, East Finchley, London, N2 9ED, United Kingdom
Str. Armeneasca 28/1, office 1, Chisinau MD-2012, Republic of Moldova, Europe
Printed at: see last page
ISBN: 978-620-5-82809-0

Copyright © Kauany Andressa de Oliveira Souza, Osvaldo de Lima Albuquerque Neto
Copyright © 2023 Dodo Books Indian Ocean Ltd. and OmniScriptum S.R.L publishing group

KAUANY ANDRESSA DE OLIVEIRA SOUZA
OSVALDO DE LIMA ALBUQUERQUE NETO

L'AULA CAPOVOLTA COME METODOLOGIA ATTIVA PER
L'INSEGNAMENTO DEI CICLI BIOGEOCHIMICI A RIO BRANCO - ACRO

SOMMARIO

I paradigmi educativi sono in continua evoluzione, visto il gran numero di metodologie attive che vengono inserite per rendere più significativo l'apprendimento degli studenti. In questo senso, la flipped classroom si presenta come una delle metodologie attive che combina l'insegnamento in aula con l'apprendimento a distanza e contribuisce alla formazione di studenti autonomi e responsabili nel loro processo di insegnamento-apprendimento. Per quanto riguarda gli oggetti di conoscenza, trattandosi del trasferimento e del ciclo degli elementi chimici tra gli esseri viventi e l'ambiente, i cicli biogeochimici coinvolgono questioni sociali e ambientali che possono essere studiate, ricercate, discusse e dibattute con l'intervento dell'insegnante attraverso l'uso di questo metodo attivo. Pertanto, questo lavoro si propone di valutare l'efficacia della metodologia flipped classroom per i contenuti dei cicli biogeochimici in una classe del secondo anno della scuola superiore di Rio Branco - Acre. A tal fine, è stata effettuata la pianificazione della lezione insieme all'elaborazione del materiale fornito agli studenti per lo studio precedente. Inoltre, è stato applicato un questionario per analizzare la concezione che gli studenti hanno della metodologia affrontata. I risultati hanno mostrato che la maggior parte degli studenti è riuscita ad assimilare attivamente i contenuti, oltre a sviluppare la propria autonomia e curiosità nella ricerca della conoscenza. Pertanto, la metodologia della flipped classroom ha dimostrato di avere una grande influenza sulla comprensione dei cicli biogeochimici e, combinata con le risorse tecnologiche, ha reso l'apprendimento più significativo.

Parole chiave: Autonomia; Metodi attivi; Risorse tecnologiche.

INDICE DEI CONTENUTI

Capitolo 1   4

Capitolo 2   9

Capitolo 3   12

Capitolo 4   20

Capitolo 5   25

Capitolo 6   37

Capitolo 7   42

Capitolo 8   65

CAPITOLO 1

1 INTRODUZIONE

Per molto tempo, in campo educativo, si è sviluppata una visione errata della figura dell'insegnante, che possiede tutte le conoscenze indiscutibili. Per questo motivo, l'insegnamento veniva trasmesso agli studenti in modo passivo, attraverso la mera trasmissione di informazioni. Tuttavia, con le trasformazioni sociali e tecnologiche contemporanee, anche il modo di insegnare e apprendere sta cambiando.

Secondo Saviani (2007), esistono due grandi correnti di pensiero che prevalgono e guidano l'educazione: la pedagogia tradizionale e quella rinnovata. Secondo lo stesso autore, è possibile notare che esistono alcune differenze, in cui un modello enfatizza i metodi tradizionali con una maggiore attenzione alle teorie, mentre l'altro si concentra su un'educazione con metodologie di apprendimento attivo.

Come affermato da Bruning e Zorzi de Sá (2013), gli studenti che entrano nella scuola superiore portano con sé aspettative di percorsi che spesso sono importanti nella ricerca di nuovi orizzonti scientifici. Con l'aiuto delle risorse tecnologiche gli studenti possono essere stimolati ad andare alla ricerca delle loro conoscenze, secondo la strategia e la pianificazione dell'insegnante.

Santos (2014) sottolinea che lo studente che partecipa a un insegnamento espositivo diventa passivo e acritico, mentre quello che partecipa a un modello innovativo diventa attivo e critico-riflessivo, imparando e insegnando contemporaneamente. Di conseguenza, Souza (2016) afferma che nella proposta pedagogica del modello innovativo non vengono enfatizzati i contenuti, ma i processi e i metodi di apprendimento, riconoscendo l'individualità e la soggettività di ogni studente.

Per Rocha e Vasconcelos (2016), l'insegnamento della chimica, insieme ad altre scienze esatte, genera una sensazione di disagio nel processo di insegnamento-apprendimento per la maggior parte degli studenti. Questo accade a causa delle difficoltà esistenti nel processo di insegnamento, dal momento che i modelli tradizionali sono attualmente utilizzati come metodo di insegnamento, generando una grande mancanza di interesse per la materia. Così, la difficoltà di apprendere i contenuti della chimica e di metterli in relazione con la vita quotidiana diventa sempre più presente nella realtà degli studenti.

In questo senso, Canzian e Maximiano (2010) sottolineano che, affinché ci sia una reale comprensione della chimica da parte degli studenti, è necessario che gli insegnanti creino situazioni concrete in grado di mostrare chiaramente agli studenti l'universo macroscopico, per poi applicare la parte scientifica che utilizza la simbologia chimica. In questo modo, si nota che insegnare alcuni contenuti chimici agli studenti solo in modo espositivo non contribuisce al loro reale apprendimento.

> L'apprendimento della chimica implica la comprensione di tre aspetti fondamentali: l'osservazione dei fenomeni naturali (universo macroscopico), la rappresentazione di questi nel linguaggio scientifico (universo simbolico) e la comprensione reale dell'universo di particelle come atomi, ioni e molecole (universo microscopico) (CANZIAN E MAXIMIANO, 2010, p. 01).

Pertanto, considerando le difficoltà presentate dagli studenti, è necessario cercare nuovi modi di insegnare in modo che la chimica sia insegnata in modo più attivo. Tuttavia, Rocha e Lemos (2014) affermano che il vero cambiamento nel processo di insegnamento e apprendimento non è facile, perché perché avvenga realmente è necessario abbandonare il modello di insegnamento tradizionale e, quindi, quando l'insegnante utilizza nuovi approcci didattici inizia a essere visto come un facilitatore del processo di apprendimento.

In questa prospettiva, le metodologie attive di insegnamento e apprendimento, secondo Nascimento e Coutinho (2016), sono metodi in cui lo studente è il protagonista e il maggior responsabile del suo processo di acquisizione delle conoscenze. Pertanto, viene depositato l'incentivo a un apprendimento autonomo e partecipativo, in cui lo studente inizia ad avere azioni pratiche e una maggiore interazione nelle classi.

> Più che adottare una strategia didattica che dia risultati migliori di quelli comunemente raggiunti, è necessario riflettere sui processi che sottendono tali strategie, come i meccanismi di conoscenza e di emozione che permeano l'apprendimento. La semplice adozione di metodologie senza supporto epistemologico non contribuisce alla costruzione di conoscenza sulle variabili che interferiscono nella relazione tra insegnanti e studenti e di questi con la conoscenza (SANTOS, 2015, p. 27210-27211).

Così, Bacich e Moran (2018) affermano che è importante realizzare con gli studenti esperienze che portino valori al loro apprendimento, in modo che, partecipando, venga stimolata la loro curiosità. Si può lavorare, ad esempio, con i media a cui gli studenti sono già abituati, perché la società del XXI secolo è già inserita nelle culture digitali, utilizzando le tecnologie in tutto ciò che li circonda. Quindi, le metodologie didattiche attive aiutano gli studenti ad apprendere in modo più partecipativo, e insieme ad esse ci sono gli strumenti didattici tecnologici che si possono fondere con esse dando vita a modelli didattici ibridi.

Secondo Schmitz (2016), le metodologie attive si esprimono attraverso molteplici modalità, consentendo agli studenti di apprendere in modo autonomo. L'autore sottolinea che alcune forme di insegnamento attivo possono avvenire attraverso:

> metodo dei casi (casi didattici), il processo di incidenza, il metodo del progetto, la ricerca scientifica, l'ABP, la metodologia della problematizzazione con l'arco di Maguerez, l'apprendimento cooperativo, i metodi PI e JiTT, e anche varie strategie come giochi, simulazioni e molte altre che possono essere integrate con la flipped classroom (SCHMITZ, 2016, p. 73).

Così, una delle metodologie attive indispensabili per lo sviluppo cognitivo del discente, e il tema guida di questo lavoro, è la flipped classroom che, secondo Schneiders (2018):

> In questo approccio, sia l'insegnante che lo studente devono cambiare la loro postura. Lo studente smette di essere uno spettatore e inizia ad agire attivamente, diventando protagonista del suo apprendimento. L'insegnante, invece, esce di scena, smette di fare il professore e si posiziona vicino allo studente, aiutandolo nel processo di apprendimento, assumendo una postura di guida e tutor (SCHNEIDERS, 2018, p. 7-8).

Nell'insegnamento tradizionale, l'insegnante insegna i concetti di base del contenuto studiato in classe, dopodiché propone allo studente delle attività da risolvere a casa e attraverso ciò avviene la fissazione dell'argomento. Nella flipped classroom, secondo Schmitz (2016), l'insegnante trasmette agli studenti alcune conoscenze pregresse, attraverso un ambiente di apprendimento virtuale, in cui lo studente può svolgere le letture a casa, in modo che nella classe faccia a faccia vengano svolte attività come lavori di gruppo, riassunti, discussioni, ecc. Attualmente questo approccio viene utilizzato nelle discipline delle scienze esatte, come sottolineano Bacich e Moran (2018).

Mazur (2015) afferma che insegnare è aiutare lo studente ad apprendere, e sulla base di questa premessa, secondo cui lo studente apprende dall'assimilazione dei contenuti e delle competenze da sviluppare, la flipped classroom può contribuire in modo significativo a questo processo di insegnamento, in quanto consiste nell'inversione delle azioni che avvengono all'interno dell'aula e all'esterno di essa, stimolando l'autonomia degli studenti nella ricerca della conoscenza.

Per quanto riguarda la scelta del tema, abbiamo cercato di avvicinarci ai cicli biogeochimici che rappresentano uno dei processi più importanti che permettono l'esistenza della vita sulla Terra. Si tratta di processi svolti nell'ambiente da elementi chimici essenziali per la vita, che favoriscono la circolazione di questi nella biosfera, coinvolgendo diverse aree di conoscenza come la biologia, la geografia e la chimica. Pertanto, l'insegnamento e l'apprendimento di questo tema diventa essenziale per generare negli studenti conoscenze sui concetti biologici, fisici e chimici (TOWNSEND, BEGON e HARPER, 2010).

Poiché i cicli biogeochimici sono direttamente collegati alla vita quotidiana, il loro insegnamento e apprendimento presenta l'appropriazione della conoscenza da parte degli studenti con un atteggiamento critico e partecipativo. Pertanto, per la componente curricolare della chimica, questo contenuto è affrontato con i seguenti temi: deforestazione e combustione; estrazione di minerali e produzione di energia; inquinamento; ciclo e riciclo degli elementi (C, O, S e N); ciclo dell'acqua e fattori che influenzano l'equilibrio chimico (ACRE, 2019).

Tra le metodologie attive, la flipped classroom si configura come una strategia di apprendimento utilizzata nel Curricolo Unico di Riferimento di Acri, e nell'approccio ai cicli biogeochimici sono inserite azioni che promuovono l'autonomia degli studenti, ovvero: produzione di video e immagini per la sensibilizzazione ambientale, utilizzo di applicazioni, siti web, giornali, articoli scientifici, tra gli altri.

In questa prospettiva, il presente lavoro cerca di valutare l'uso della metodologia di apprendimento attivo flipped classroom, nel contesto dell'insegnamento della chimica per l'oggetto di conoscenza dei cicli biogeochimici in una scuola superiore pubblica di Rio Branco - Acre, attraverso la percezione degli studenti. In questo modo, si cercherà di incoraggiare gli studenti a essere più attivi nella costruzione della loro conoscenza attraverso l'uso della metodologia attiva in una classe del secondo anno di scuola superiore.

CAPITOLO 2

2 INSEGNAMENTO TRADIZIONALE E INSEGNAMENTO INNOVATIVO

Secondo Leão (1999), il paradigma dell'insegnamento tradizionale ha influenzato a lungo la pratica dell'educazione formale come modello principale adottato da varie istituzioni educative. La scuola tradizionale era strutturata prevalentemente attraverso il metodo di insegnamento espositivo, in cui l'insegnante è presentato come autorità assoluta e detentore del sapere. Santos (2014) sottolinea che in questo modello l'insegnamento viene trasmesso in modo frammentario e dogmatico, dove la conoscenza viene riprodotta in modo immutabile e indiscutibile.

Per Freire (1997), questo modello è diventato noto come educazione bancaria, in cui l'apprendimento è cumulativo attraverso la trasmissione e la ricezione del sapere, in cui

> l'educatore appare come il suo agente indiscutibile [...] il cui compito indeclinabile è quello di "riempire" gli studenti con i contenuti della sua narrazione. Invece di comunicare, l'educatore fa "comunicazioni" e depositi che gli studenti, semplici incidenti, pazientemente ricevono, memorizzano e ripetono (FREIRE, 1997, p. 61-62).

La formazione bancaria tradizionale propone un insegnamento standardizzato che non tiene conto della diversità e dell'individualità dello studente, rendendolo un mero ascoltatore e riproduttore di ciò che gli viene insegnato, assumendo la posizione di memorizzare definizioni, affermazioni, leggi, riassunti o abstract.

Al contrario, sono nati modelli innovativi che riconoscono la conoscenza come un prodotto umano incompiuto e in costante costruzione, e sono caratterizzati da un insegnamento trasformativo ed emancipatorio. In questi modelli, secondo Libâneo (1982), la scuola deve adattare le esigenze individuali degli studenti attraverso esperienze che soddisfino contemporaneamente i loro interessi e le loro richieste sociali, fornendo un apprendimento attivo.

Così, il processo di insegnamento-apprendimento del modello tradizionale presenta un approccio meccanico e decontestualizzato, mentre il modello innovativo si avvicina a nuove tecniche, facendo uso della contestualizzazione, di metodologie diverse e di risorse didattiche variegate, dove l'insegnante, che prima era visto come figura autoritaria e detentrice del sapere, inizia ad assumere il ruolo di mediatore e facilitatore del sapere.

Secondo Kruger (2013), l'insegnante può insegnare in modo tradizionalista concentrandosi su lezioni espositive, così come è possibile fare uso di varie situazioni che consentono allo studente di risolvere i problemi e di imparare attivamente. L'ambiente professionale contemporaneo dispone di diverse fonti di comunicazione e informazione, come ad esempio *internet*, dove l'insegnante ha diverse possibilità di migliorare la propria pratica didattica e la socievolezza con gli studenti, spingendoli a padroneggiare queste informazioni e a essere efficienti e creativi.

Per Rocha e Vasconcelos (2016), il processo di apprendimento è estremamente importante, perché è attraverso di esso che avviene l'appropriazione dell'esperienza. Considerando il nuovo contesto educativo, totalmente incentrato sull'apprendimento degli studenti, l'insegnante è un co-autore di questo processo, assistendoli nel loro sviluppo libero e spontaneo. In questo senso, il processo di apprendimento diventa un'attività di scoperta - un autoapprendimento - dove l'ambiente e l'insegnante sono solo i mezzi stimolanti che permettono allo studente di "imparare facendo", costruendo e ricostruendo continuamente la conoscenza.

> I passi fondamentali del metodo attivo sono: a) porre lo studente in una situazione di esperienza che abbia un interesse proprio; b) il problema dovrebbe essere impegnativo, come stimolo alla riflessione; c) allo studente dovrebbero essere fornite informazioni e istruzioni che gli permettano di ricercare le soluzioni; d) le soluzioni provvisorie dovrebbero essere incoraggiate e ordinate, con l'aiuto discreto dell'insegnante; e) dovrebbe essere garantita l'opportunità di mettere alla prova le soluzioni, al fine di determinare la loro utilità per la vita (LIBÂNEO, 1982, p. 05).

In questa prospettiva, gli studenti apprenderanno in modo diverso a seconda del modello didattico in cui sono inseriti, e ogni scuola ha l'obbligo di sviluppare un modo per promuovere l'apprendimento dei contenuti curriculari alla propria clientela.

Inoltre, per molto tempo, nelle scienze esatte come la matematica, la fisica e la chimica, le tecniche didattiche innovative alternative sono state poco utilizzate nel processo di insegnamento-apprendimento, mantenendo il metodo tradizionale come standard. Secondo Rocha e Vasconcelos (2016), comunemente la scuola non presta attenzione alle caratteristiche personali degli studenti o ai fatti presenti nella loro vita quotidiana, presentando un insegnamento poco interessante e/o "senza senso".

Per Lima (2012), l'insegnamento della chimica è giustificato e legittimo quando avviene in modo problematizzante, sfidando e stimolando lo studente a costruire la propria conoscenza. Pertanto, l'insegnamento della chimica dovrebbe essere impartito in modo da mettere in relazione l'esperienza dello studente con questa conoscenza scientifica.

A tal fine, l'insegnamento tradizionale della chimica, che è il risultato del processo storico di ripetizione di formule, definizioni e classificazioni, dovrebbe lasciare il posto a un insegnamento attivo e integrativo che cerca di costruire la conoscenza a partire dalla realtà dello studente, in modo che sia in grado di effettuare una riflessione critica del mondo che lo circonda (LIMA, 2012).

Tali concezioni sono in linea con quanto descritto nei Parametri Curricolari Nazionali per l'Istruzione Secondaria (PCNEM), intendendo che

> L'apprendimento dovrebbe contribuire non solo alla conoscenza tecnica, ma anche a una cultura più ampia, sviluppando strumenti per l'interpretazione dei fatti naturali, la comprensione delle procedure e degli strumenti della vita quotidiana sociale e professionale, nonché per l'articolazione di una visione del mondo naturale e sociale (BRASIL, 2000, p. 09).

Pertanto, una visione audace dell'apprendimento scientifico-tecnologico nella scuola superiore, diversa da quella praticata nella maggior parte delle scuole, non è un'utopia e può effettivamente essere messa in pratica nell'insegnamento delle scienze. Tuttavia, la scuola, gli insegnanti e la comunità devono essere sensibili e lavorare insieme per generare condizioni migliori, promuovendo la trasformazione educativa che è presente nei documenti che guidano un'istruzione di qualità.

CAPITOLO 3

3 LA BNCC E L'INSEGNAMENTO DELLE SCIENZE

3.1 Breve contesto storico dell'istruzione in Brasile

Per quanto riguarda la politica educativa, la Costituzione federale del 1988 assegna grandi diritti, ammettendo l'interesse sociale per l'istruzione. Fin dalla Costituzione monarchica del 1824, l'educazione appare come il centro della politica sociale, che raggiunge un grande dominio solo nel corso del XX secolo. Tuttavia, alla fine di questo secolo, molti discutevano dell'educazione e della sua importanza, ma molto era anche disarticolato sull'applicazione dei diritti dell'educazione (VIEIRA, 2001).

Poiché presenta una grande rilevanza, di seguito sono esposti gli articoli 205 e 206 presenti nella Costituzione federale del 1988 secondo Brazil (2016):

> Art. 205 - L'istruzione, diritto di tutti e dovere dello Stato e della famiglia, è promossa e favorita con la collaborazione della società, in vista del pieno sviluppo della persona, della sua preparazione all'esercizio della cittadinanza e della sua qualificazione al lavoro.
> Articolo 206 - L'istruzione è impartita sulla base dei seguenti principi: I - uguaglianza delle condizioni di accesso e di permanenza nella scuola; II - libertà di apprendimento, di insegnamento, di ricerca e di diffusione del pensiero, dell'arte e del sapere; III - pluralismo delle idee e delle concezioni pedagogiche e coesistenza di istituzioni educative pubbliche e private; IV - gratuità dell'istruzione pubblica negli istituti ufficiali; V - valutazione dei professionisti dell'insegnamento, garanzia, sotto forma di legge, di piani di carriera per l'insegnamento pubblico, con un salario professionale minimo e l'ingresso esclusivamente tramite concorso pubblico di esami e titoli; VI - gestione democratica dell'istruzione pubblica, sotto forma di legge; VII - standard di qualità garantito [....] (BRASIL, 2016, p. 123).

In questo senso, la Costituzione Federale ha cercato di trasmettere a tutti i cittadini i mezzi per essere inclusi nel processo educativo, condividendo idee e concezioni sul mondo in cui sono inseriti, in modo equo ed egalitario. Così, per soddisfare le proposte di educazione in Brasile, la Carta costituzionale all'articolo 210 riconosce che è necessario che "si stabiliscano contenuti minimi per l'educazione di base, per garantire una formazione di base comune e il rispetto dei valori culturali e artistici, nazionali e regionali" (BRASIL, 2016, p. 124).

Alla luce di questi aspetti, si è cercato di sviluppare e progettare nuove strategie per migliorare la qualità dell'istruzione in Brasile. Per questo, nel dicembre 1996 è stata sancita la Legge delle Direttive e delle Basi (LDB), un documento di carattere innovativo che, secondo Cerqueira *et al.* (2009, p.3) "istituendo la legge nasce dalla necessità di adeguare l'istruzione ai nuovi parametri legislativi, al fine di stabilire un modello educativo coerente con la realtà del Paese".

La LDB, nella sottosezione IV, articolo 9, stabilisce anche che l'Unione, con l'aiuto degli Stati, del Distretto Federale e dei Comuni, è responsabile dell'inserimento di alcune competenze e linee guida che saranno sviluppate dalla scuola materna alla scuola superiore. Queste competenze e linee guida condurranno i curricula e i loro contenuti minimi, con l'obiettivo di garantire un'educazione di base comune (BRASIL, 1996).

Sulla base di queste informazioni, Cerqueira *et al.* (2009) sottolineano quanto segue:

> Infine, si osserva che la LDB assume un carattere innovativo, tuttavia ancora insufficiente a soddisfare le esigenze di miglioramento del sistema educativo, nel senso di migliorare la qualità dell'istruzione brasiliana affrontando le tendenze economiche del Paese, ma mostrandosi efficace in termini di regolamentazione dell'istruzione nazionale (CERQUEIRA *et al.*, 2009, p. 5).

Indubbiamente, si nota che la LDB del 1996 ha cercato di migliorare l'istruzione brasiliana, presentando alcune analogie con la Costituzione federale del 1988. Tuttavia, impone alcune linee guida che potrebbero essere sviluppate con successo, ma non tutto si basa sulla certezza che l'istruzione possa essere innovativa e di qualità al cento per cento, perché pensare a un'istruzione senza difetti e senza disuguaglianze è facile, ma svilupparla nei fatti può essere difficile.

In quest'ottica, è stato creato il Piano Nazionale di Educazione (PNE), che durerà dal 2014 al 2024. Si tratta di un documento che cerca di far progredire l'istruzione brasiliana definendo alcuni impegni tra le entità federative e le varie istituzioni. Il PNE può essere considerato una politica guida per le azioni governative.

Alcune questioni pubbliche possono essere considerate per incoraggiare il PNE, come la necessità di ampliare l'accesso all'istruzione, le disuguaglianze educative, la bassa qualità dell'istruzione e altre ancora. Questi temi sono molto sentiti e visti come problemi educativi attualmente affrontati nelle reti educative, il che genera un disagio e un'attitudine a cambiare e innovare l'istruzione brasiliana (BRASIL, 2015).

Con il PNE sono state sviluppate diverse strategie didattiche per cercare di mitigare i problemi e innovare l'insegnamento in Brasile. In seguito, per aggirare ed enfatizzare l'istruzione brasiliana, è stata sviluppata la Base Curricolare Nazionale Comune (BNCC), un documento estremamente importante che è previsto dalla Costituzione Federale del 1988 e permea la Legge di Direttive e Basi del 1996 e il Piano Nazionale di Educazione del 2014. Il seguente argomento descrive lo sviluppo e gli obiettivi di questo documento.

3.2 Preparazione della Base Comune Curricolare Nazionale - BNCC

Il BNCC è un documento normativo che illustra e chiarisce il miglior sviluppo dell'educazione integrale in Brasile. Stabilisce le competenze su cui lavorare per rendere gli studenti soggetti attivi dell'apprendimento, dove dovranno sviluppare le loro capacità di articolare e utilizzare le loro conoscenze nel miglior modo possibile, essendo consapevoli di ciò che faranno con l'apprendimento e le conoscenze acquisite.

È noto che l'educazione è un diritto di tutti, il che implica che ognuno è in grado di apprendere e sviluppare idee, pensieri, atteggiamenti, abilità e valori all'interno della società. Con questo documento è possibile cambiare e migliorare il processo educativo, valorizzando la conoscenza, rendendo lo studente autonomo, collaborando alla costruzione di una società più giusta e democratica (BRASIL, 2018a).

Il progetto di una Base nazionale ha consolidato diversi interessi diffusi, con il coinvolgimento dell'Unione nazionale dei responsabili dell'educazione municipale (UNDIME) e del Consiglio nazionale dei segretari dell'educazione (CONSED). Anche la Conferenza Nazionale dei Lavoratori dell'Educazione (CNTE) ha partecipato alle discussioni sul progetto. Tuttavia, nell'aprile 2013 è stato creato il Movimento per la Base Nazionale Comune per l'Educazione, che ha contribuito in modo significativo alla preparazione del progetto. Tale movimento è stato formato da fondazioni e istituzioni conservate dal settore privato, aggiungendo principi basati su creatività, tecnologia e imprenditorialità (MORENO, 2016).

Secondo Corrêa e Morgado (2018), dopo il I Seminario interistituzionale organizzato dal Ministero dell'Istruzione (MEC), consulenti ed esperti si sono riuniti per dare il via al processo di redazione del BNCC nel 2015. L'inizio della consultazione pubblica per la costruzione della prima versione del documento è avvenuto nell'ottobre dello stesso anno, con la partecipazione della società civile, di organizzazioni ed enti scientifici.

Per il dibattito sulla seconda versione del BNCC, nel giugno 2016 si sono tenuti in tutto il Paese diversi seminari aperti alla partecipazione del pubblico con insegnanti, dirigenti ed esperti. La terza versione è stata redatta attraverso un processo collaborativo basato sulla seconda versione. Questa versione è stata consegnata al Consiglio nazionale dell'educazione (CNE) il 6 aprile 2017, approvata nel novembre dello stesso anno e, poco dopo, approvata dal MEC (CORRÊA e MORGADO, 2018).

Secondo il Brasile (2018b), il paragrafo 2 dell'articolo 7 delle Linee guida nazionali per il curriculum dell'istruzione secondaria (DCNEM), il nuovo curriculum da lavorare nell'istruzione dovrebbe essere seguito da metodologie incentrate sulla contestualizzazione, la diversificazione e la transdisciplinarità e tra le altre forme che comprendono strategie di interazione e insegnamento, promuovendo collegamenti tra il mondo del lavoro e la vita sociale con le conoscenze acquisite.

A questo proposito, si stanno elaborando diverse proposte di curricolo per il nuovo liceo come garanzia di ampliamento delle competenze generali e specifiche del BNCC, nonché la progettazione di metodologie didattiche e strategie di apprendimento che valorizzino lo sviluppo delle competenze degli studenti, stimolandone il protagonismo.

Il nuovo liceo si propone quindi di rispondere a queste aspettative per lavorare e articolare il pensiero critico degli studenti, rendendoli partecipi e protagonisti dello sviluppo delle loro competenze, attitudini e valori nei confronti della società.

> Adottando questo approccio, il BNCC indica che le decisioni pedagogiche dovrebbero essere orientate allo sviluppo delle competenze. Attraverso la chiara indicazione di ciò che gli studenti dovrebbero "sapere" (considerando la costituzione di conoscenze, abilità, atteggiamenti e valori) e, soprattutto, di ciò che dovrebbero "saper fare" (considerando la mobilitazione di queste conoscenze, abilità, atteggiamenti e valori per risolvere le complesse richieste della vita quotidiana, il pieno esercizio della cittadinanza e il mondo del lavoro), l'esplicitazione delle competenze offre riferimenti per il rafforzamento delle azioni che garantiscono l'apprendimento essenziale definito nel BNCC (BRASIL, 2018a, p. 13).

Le Indicazioni nazionali per il curricolo dell'istruzione secondaria indicano inoltre che i curricoli di questa nuova fase dell'istruzione dovrebbero essere composti dalla formazione generale di base che è correlata alle competenze e alle abilità delle aree di conoscenza: Lingue e loro tecnologie, Matematica e loro tecnologie, Scienze della natura e loro tecnologie, Scienze umane applicate e Scienze sociali (BRASIL, 2018b).

Per la formazione generale di base, gli studenti otterranno un carico di lavoro di 1800 ore durante i tre anni di scuola superiore, stimolando la riflessione e la comprensione dei vari problemi e delle soluzioni da adottare. Inoltre, gli studenti dovranno ancora seguire una formazione per itinerari formativi con un carico di lavoro totale di almeno 1200 ore, in cui gli studenti dovranno scegliere l'area di conoscenza fornita dall'istituzione scolastica in base ai loro interessi, oltre alla formazione tecnica e professionale (BRASIL, 2018b).

Da questo punto di vista, gli studenti dovranno sviluppare dieci competenze generali nel corso dell'Educazione di Base a partire dagli apprendimenti essenziali definiti nel BNCC per consolidare i diritti di apprendimento e di sviluppo nella scuola. Inoltre, per garantire lo sviluppo di competenze specifiche delle aree di conoscenza, ognuna di esse è correlata ad alcune abilità, che rappresentano proprio l'apprendimento da garantire nel contesto del BNCC a tutti gli studenti delle scuole superiori (BRASIL, 2018a).

Nel BNCC, la competenza è definita come la mobilitazione di conoscenze (concetti e procedure), abilità (pratiche, cognitive e socio-emotive), atteggiamenti e valori per risolvere le complesse richieste della vita quotidiana, il pieno esercizio della cittadinanza e il mondo del lavoro (BRASIL, 2018a, p. 8).

Le competenze generiche da sviluppare durante la Formazione di base sono rappresentate nella figura 1.

Figura 1. Competenze generali del BNCC.

Fonte: Autore proprio.

Secondo il Brasile (2018a) le competenze generali della Base Curricolare Nazionale Comune sono fondate come segue:

❖ **La competenza 1 - conoscenza** - comprende un curriculum innovativo in cui gli studenti possono sentire il desiderio di imparare, la volontà di trattare la conoscenza, cercando le informazioni necessarie per la sua applicazione e come usarle attraverso la contestualizzazione;

❖ **La competenza 2 - pensiero scientifico, critico e creativo** - riguarda la capacità dello studente di usare il pensiero scientifico e la creatività per risolvere problemi, creare soluzioni, interpretare dati e informazioni, usare la logica, la deduzione, formulare ipotesi, esplorare idee e metterle in pratica;

- ❖ **La competenza 3 - repertorio culturale** - riguarda la capacità degli studenti di valorizzare tutti i tipi di cultura e comprende principalmente le aree delle lingue e delle scienze umane. Gli studenti dovrebbero esprimersi attraverso le arti e le culture, trasmettendo la diversità e il multiculturalismo;

- ❖ **La competenza 4 - comunicazione** - riguarda la capacità degli studenti di utilizzare i linguaggi più diversi e di esprimere, comunicare, discutere e dibattere idee;

- ❖ **Competenza 5 - cultura digitale** - gli studenti dovranno comprendere e utilizzare le tecnologie in modo etico e critico, cercare informazioni nelle risorse tecnologiche e saperle usare in modo appropriato;

- ❖ **La competenza 6 - progetto di lavoro e di vita** - riguarda la capacità degli studenti di utilizzare tutte le loro conoscenze per prendere decisioni sulla loro vita professionale con libertà e autonomia, valutando obiettivi e sogni;

- ❖ **La competenza 7 - argomentazione** - riguarda la capacità degli studenti di argomentare sulla base di fatti e prove, fino a difendere idee e accordi collettivi per questioni ambientali e diverse;

- ❖ **La competenza 8 - conoscenza di sé e cura di sé** - riguarda la capacità degli studenti di conoscere e apprezzare se stessi, di saper gestire la propria salute e le proprie emozioni;

- ❖ **La competenza 9 - empatia e cooperazione** - riguarda la capacità degli studenti di esercitare l'empatia, il dialogo per stabilire relazioni con gli altri senza pregiudizi di alcun tipo;

❖ **La competenza 10 - responsabilità e cittadinanza** - riguarda la capacità degli studenti di agire personalmente e collettivamente per costruire una società più attenta, equa, responsabile dal punto di vista ambientale e sociale, proponendo soluzioni ai principali problemi mondiali.

Per quanto riguarda le competenze, ciascuna di esse è identificata da un codice alfanumerico riportato nella figura 2:

Figura 2. schema delle competenze di lettura.

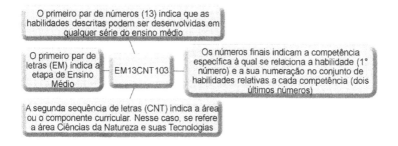

Fonte: Autore proprio, adattato da Brasile (2018a).

CAPITOLO 4
4 L'INSEGNAMENTO DELLA CHIMICA

Gli studenti di oggi sono inseriti nel mondo tecnologico attraverso l'uso di smartphone, tablet, computer e altre risorse che, con l'avanzare delle tecnologie, hanno portato la modernizzazione ideale per stabilire rapporti tra comunicazione, studio e interazione nella società. L'insegnamento della chimica deve essere affrontato in modo attivo e stimolante, gli studenti non possono limitarsi a fare memorizzazioni scollegate dalla vita quotidiana, rendendo la materia noiosa e trascurando il suo rapporto con la società (CASAL, 2013).

Grunfeld (2007) conferma questa tesi affermando che la chimica è presente in tutto ciò che ci circonda, ma la mancanza di contestualizzazione ostacola l'assimilazione di questa scienza con la vita quotidiana, essendo essenziale per renderla sempre più vicina agli studenti.

Sulla base di questi aspetti, il comma 2 dell'articolo 12 del DCNEM stabilisce che gli itinerari formativi da impiegare nella nuova scuola superiore sono strutturati su quattro assi: ricerca scientifica, processi creativi, mediazione e intervento socioculturale e imprenditorialità (BRASIL, 2018b).

È essenziale chiarire che l'apprendimento delle scienze va oltre il semplice apprendimento dei suoi concetti e contenuti. Pertanto, il BNCC nell'area delle Scienze della Natura e delle sue Tecnologie stabilisce competenze e abilità che contribuiscono all'espansione e alla sistematizzazione degli apprendimenti essenziali sviluppati nella scuola primaria per quanto riguarda la conoscenza concettuale dell'area, la contestualizzazione e i processi e le pratiche di ricerca (BRASIL, 2018a).

Il Brasile (2018b) stabilisce inoltre, all'articolo 12, che nell'ambito della conoscenza delle Scienze della Natura e delle loro Tecnologie, gli itinerari formativi debbano essere organizzati nel

> approfondimento delle conoscenze strutturanti per l'applicazione di diversi concetti in contesti sociali e lavorativi, organizzando piani di studio che permettano studi di astronomia, metrologia, fisica generale, classica, molecolare, quantistica e meccanica, strumentazione, ottica, acustica, chimica dei prodotti naturali, analisi dei fenomeni fisici e chimici, meteorologia e climatologia, microbiologia, immunologia e parassitologia, ecologia, nutrizione, zoologia, tra gli altri, considerando il contesto locale e le

possibilità di offerta da parte dei sistemi educativi (BRASIL, 2018b, p. 7).

Alla luce di queste informazioni, per il necessario approfondimento delle conoscenze acquisite dagli studenti, è importante pianificare le lezioni e inserire risorse didattiche che stimolino l'apprendimento degli studenti; l'insegnante non può limitarsi alla monotonia della lavagna, del pennello e dei libri di testo. È necessario che l'insegnante utilizzi queste risorse come un modo per pensare al miglior sviluppo intellettuale dello studente, non solo per una mera applicazione senza cercare risultati d'impatto. Tali risorse possono essere scelte per stabilire connessioni con il contenuto da lavorare: sperimentazione, giochi e attività ludiche, flipped classroom, apprendimento basato su problemi, simulatori, analisi e discussione di articoli scientifici, tra gli altri.

Per imparare la chimica è necessario pensare che esistono diversi modi per identificare il rapporto della scienza e delle tecnologie con la società, ad esempio nelle automobili, nei telefoni cellulari, negli elettrodomestici, ecc. Inoltre, diverse questioni globali e locali permeano e causano grande preoccupazione alla popolazione, come la deforestazione, il riscaldamento globale, l'energia nucleare e altri fattori. Nonostante ciò, molte persone non riconoscono il vero significato della scienza, come risolvere questi problemi e avere una visione differenziata (BRASILE, 2018a).

Un problema molto ricorrente è lo scambio del termine contestualizzazione con il termine esemplificazione, poiché la contestualizzazione è una strategia didattica legata non all'esemplificazione di fatti quotidiani, ma ad aspetti sociali, ambientali, culturali e storici, intrecciati in una visione dell'insegnamento che stimola la motivazione e l'interesse degli studenti. Non è sufficiente che l'insegnante fornisca esempi di fenomeni che accadono nella vita quotidiana, ma deve mettere in relazione questi fenomeni con la vita sociale dello studente, sottolineando, se necessario, i contesti storici e culturali.

Con queste informazioni, si nota la necessità di utilizzare metodologie attive e risorse didattiche che stimolino la progettazione e la capacità degli studenti di pensare, agire e risolvere i problemi del mondo in modo collettivo.

Per questo, il BNCC ha come priorità nell'area delle Scienze della Natura nella Scuola Superiore di approfondire le capacità investigative a livelli più complessi e astratti, di enfatizzare le applicazioni della conoscenza scientifica e tecnologica, così come le sue implicazioni etiche, sociali, economiche e ambientali, oltre ad approfondire i temi sviluppati nella Scuola Elementare: Terra e Universo, Vita ed Evoluzione, Materia ed Energia (BRASIL, 2018a).

Nel nuovo liceo, gli studenti svilupperanno la pratica della lettura scientifica, oltre a saper utilizzare la conoscenza delle unità di misura appropriate per le diverse grandezze, risolvere situazioni problematiche di fenomeni che si verificano nella società, posizionarsi, discutere e argomentare con un focus su questioni di scienza e tecnologia. In questa prospettiva, l'area delle Scienze Naturali dovrebbe fornire agli studenti competenze specifiche da sviluppare e, successivamente, in relazione a ciascuna di esse, abilità da raggiungere (BRASIL, 2018a).

Le competenze specifiche da sviluppare nell'area delle Scienze Naturali sono le seguenti:

> **Competenza specifica 1** - analizzare i fenomeni naturali e i processi tecnologici, in presenza di interazioni e relazioni tra materia ed energia, al fine di proporre azioni individuali e collettive per migliorare i processi produttivi, ridurre gli impatti socio-ambientali e migliorare le condizioni di vita. In questa competenza specifica, basata sulle relazioni tra materia ed energia, è possibile analizzare i fenomeni naturali e i processi tecnologici per fornire una valutazione dei rischi e dei limiti dell'uso di materiali e tecnologie, consentendo agli studenti di prendere decisioni responsabili di fronte alle sfide attuali. Si possono così stimolare studi su: struttura della materia; trasformazioni chimiche; leggi ponderali; calcolo stechiometrico; ciclo dell'acqua; cicli biogeochimici; deforestazione; inquinamento, tra gli altri.
>
> **Competenza specifica 2** - analizzare e utilizzare le interpretazioni relative alle dinamiche della vita, della Terra e del Cosmo, al fine di sviluppare argomentazioni, concludere ipotesi sul funzionamento e sull'evoluzione degli esseri viventi e dell'Universo e difendere decisioni etiche e responsabili. Comprendendo meglio il funzionamento della vita e dell'Universo, gli studenti saranno in grado di dare maggiore importanza alla natura e alle sue risorse e saranno più interessati allo studio delle scienze. Per sviluppare le conoscenze scientifiche degli studenti, si possono creare prototipi o rappresentazioni con o senza l'uso di dispositivi e applicazioni digitali, che consentono di fare proiezioni e analizzare gli impatti futuri. Pertanto, lo sviluppo delle conoscenze concettuali da stimolare in questa competenza specifica riguarda: origine della vita; evoluzione

biologica; biodiversità; modelli atomici, subatomici e cosmologici; meccanica newtoniana; gravitazione; astronomia e altri.

Competenza specifica 3 - Indagare situazioni problematiche e valutare l'uso pratico della conoscenza scientifica e tecnologica e le sue conseguenze per il mondo, facendo uso di metodi e linguaggi specifici delle Scienze Naturali, proponendo risultati significativi che tengano conto di obiettivi locali, regionali e/o globali, e riferendo i loro risultati e le loro soluzioni a una serie di pubblici, attraverso vari contesti e mezzi e tecnologie digitali di informazione e comunicazione (TIC). In questa competenza, gli studenti saranno in grado di discutere l'uso delle tecnologie relative all'area delle Scienze Naturali, attraverso dibattiti, risoluzione di problemi, valutazione di ipotesi, con l'obiettivo di proporre modi per mitigare gli impatti causati dall'uso improprio e dallo smaltimento delle tecnologie, che possono causare danni alla salute e al pianeta, laddove possono usarle in modo etico e responsabile. Le conoscenze concettuali da mobilitare in questa competenza specifica riguardano: l'applicazione della tecnologia del DNA ricombinante; l'identificazione del DNA; le neurotecnologie; la produzione di tecnologie di difesa; la struttura e le proprietà dei composti organici; i conservanti alimentari; lo sviluppo sostenibile; la meccanica newtoniana; i dispositivi di sicurezza, tra gli altri (BRASIL, 2018a, p. 554-558).

Sulla base di queste competenze specifiche, gli studenti dovranno raggiungere alcune abilità relative a ciascuna di esse. Per esempio, nella competenza specifica 1 sono state stabilite sette abilità che possono essere sviluppate utilizzando dispositivi e applicazioni digitali, se necessario. Pertanto, la prima abilità nell'area delle Scienze naturali e delle loro tecnologie per tutti i gradi della scuola secondaria di primo grado riferita alla competenza specifica 1 è la seguente:

(EM13CNT101) Analizzare e rappresentare, con o senza l'uso di dispositivi e applicazioni digitali specifici, le trasformazioni e le conservazioni in sistemi che coinvolgono quantità di materia, energia e movimento per fare previsioni sul loro comportamento in situazioni quotidiane e in processi produttivi che privilegiano lo sviluppo sostenibile, l'uso consapevole delle risorse naturali e la conservazione della vita in tutte le sue forme (BRASIL, 2018a, p. 555).

Tuttavia, nella competenza specifica 2, sono state incluse 9 abilità su cui lavorare nell'istruzione secondaria, tra cui la prima abilità relativa all'evoluzione della vita, della Terra e dell'universo è evidenziata di seguito:

(EM13CNT201) Analizzare e discutere modelli, teorie e leggi proposte in epoche e culture diverse per confrontare spiegazioni distinte della comparsa e dell'evoluzione della vita, della Terra e dell'Universo con le teorie scientifiche attualmente accettate (BRASILE, 2018a, p. 557).

Infine, la competenza specifica 3 prevede 10 abilità da conseguire, che coinvolgono molto la capacità dello studente di interpretare testi di divulgazione scientifica e di indagare situazioni problematiche, nonché di valutare gli impatti ambientali, sociali e culturali, comunicando i risultati di analisi, grafici ecc. La prima abilità che si riferisce a questa competenza specifica è presentata di seguito: **(EM13CNT301)** Costruire domande, preparare ipotesi, previsioni e stime, utilizzare strumenti di misura e rappresentare e interpretare modelli esplicativi, dati e/o risultati sperimentali per costruire, valutare e giustificare conclusioni nell'affrontare situazioni problematiche da una prospettiva scientifica (BRASIL, 2018a, p. 559).

Alla luce di questi aspetti, il BNCC include competenze e abilità che possono senza dubbio stimolare la concezione degli studenti riguardo allo studio delle Scienze Naturali. Pertanto, l'insegnante, in quanto mediatore di conoscenza, può utilizzare strategie e metodologie per sviluppare queste competenze negli studenti, al fine di rendere questa scienza sempre più interessante e stimolante, aumentando il protagonismo degli studenti e aiutando il loro modo di pensare e di risolvere i problemi odierni.

CAPITOLO 5

5 METODOLOGIE DI APPRENDIMENTO ATTIVO

5.1 L'importanza delle metodologie di apprendimento attivo e alcuni esempi

Il metodo di insegnamento tradizionale può non essere sufficiente a sviluppare un apprendimento significativo o a stimolare l'importanza di apprendere determinati contenuti; tuttavia, alcuni metodi possono essere utilizzati per rendere l'apprendimento più attivo, ponendo lo studente come protagonista nella costruzione della propria conoscenza, stimolando la sua autonomia e l'interazione a partire dall'interiorizzazione delle conoscenze necessarie.

Tali strategie sono note come metodologie attive, che secondo Dumont, Carvalho e Neves (2016),

> sono metodologie didattiche che coinvolgono gli studenti in attività differenziate, cioè che prevedono vari aspetti e modalità di insegnamento al fine di sviluppare diverse competenze. Più precisamente si vuole rendere lo studente più attivo e proattivo, comunicativo, investigativo, e questo dipenderà dagli obiettivi che l'insegnante vuole raggiungere e dalle strategie adottate per raggiungerli (DUMONT, CARVALHO e NEVES, 2016, p. 111).

Bacich e Moran (2018) caratterizzano le metodologie attive attraverso l'interrelazione tra educazione, cultura, società, politica e scuola, e possono essere sviluppate attraverso metodi attivi e creativi, basati sull'attività degli studenti al fine di fornire apprendimento.

Così, Valente (2018) afferma che i processi di insegnamento e apprendimento tendono sempre più all'uso di metodologie attive, in considerazione della grande quantità di informazioni disponibili nei media digitali, oltre alle facilitazioni derivanti dall'uso di tecnologie che consentono l'utilizzo di metodi alternativi.

> Le metodologie orientate all'apprendimento consistono in una serie di tecniche, procedure e processi utilizzati dagli insegnanti durante le lezioni per favorire l'apprendimento degli studenti. Il fatto che siano attive è legato alla realizzazione di pratiche pedagogiche per

coinvolgere gli studenti, impegnarli in attività pratiche in cui sono protagonisti del loro apprendimento (VALENTE, 2018, p. 80-81).

Da questo punto di vista, le metodologie attive creano ambienti didattici con l'obiettivo di rendere lo studente più razionale, in grado di pensare e concettualizzare tutto ciò che accade intorno a lui, cercando di costruire conoscenze sui contenuti relativi alle attività proposte, sviluppando capacità di riflessione critica sulle azioni intraprese. Inoltre, Bacich e Moran (2018) riportano che esistono diversi metodi legati alle metodologie attive che sono in grado di sviluppare negli studenti l'apprendimento attraverso l'autonomia e il protagonismo. Per Santos (2015),

> [...] le strategie pedagogiche dell'Apprendimento Attivo sono utilizzate con l'obiettivo di portare lo studente a scoprire un fenomeno e a comprendere i concetti da solo e, successivamente, a mettere in relazione le sue scoperte con le sue conoscenze pregresse del mondo che lo circonda. In questo modo, ci si aspetta che la conoscenza costruita sia più significativa rispetto a quando le informazioni vengono "passate" allo studente in modo passivo (SANTOS, 2015, p. 27206-27207).

Secondo l'autore, l'adozione e l'applicazione di queste strategie non servono a far sì che lo studente riceva informazioni in modo eccessivo, ma a creare un ambiente in cui lo studente possa avere un apprendimento adeguato alle sue esigenze, motivandolo a "imparare a imparare" nella misura in cui vengono sviluppate le conoscenze, le abilità e gli atteggiamenti necessari per fornire un apprendimento significativo. L'autore sottolinea che

> [...] nelle strategie di apprendimento attivo, lo studente è l'agente principale del processo di costruzione della sua conoscenza, agisce per imparare e l'insegnante ha il ruolo di facilitatore nel processo di insegnamento-apprendimento. Deve agire come un mediatore attento nel processo di costruzione della conoscenza dei suoi studenti (SANTOS, 2015, p. 27206-27207).

In questo contesto, le metodologie di apprendimento attivo, insieme all'uso delle nuove tecnologie, acquistano un ruolo di primo piano nella programmazione e nella conduzione delle lezioni, rendendo l'insegnante il mediatore che fa da "ponte" tra lo studente e le conoscenze che possiede. Una metodologia che si basa sull'apprendimento dello studente attraverso le esperienze e l'autonomia dello studente è in grado di sviluppare competenze trasversali che vanno oltre quelle insegnate individualmente e scollegate dalle altre (SANTOS, 2015).

Bacich e Moran (2018) evidenziano che la "nuova scuola" cerca di integrare le Metodologie Attive con le Tecnologie Digitali dell'Informazione e della Comunicazione (DTIC), perché ritengono che con esse lo studente sia in grado di seguire principi basati sull'iniziativa, in quanto le tecnologie forniscono una maggiore autonomia e un'effettiva partecipazione alla costruzione del proprio apprendimento, e che "l'apprendimento è attivo e significativo quando si procede a spirale da livelli più semplici a livelli più complessi di conoscenza e competenza in tutte le dimensioni della vita." (BACICH E MORAN, 2018, p. 37).

Inoltre, Schmitz (2016) afferma che le ultime generazioni hanno una maggiore facilità nell'utilizzo delle "novità tecnologiche", e spesso gli studenti si assicurano la capacità di svolgere più compiti contemporaneamente generando la difficoltà di mantenere l'attenzione su una sola cosa. Così, i giovani portano questo concetto nell'ambiente scolastico, e quindi vogliono imparare solo il minimo indispensabile, scegliendo lo stile che più gli si addice, spesso cercando di imparare nello stesso momento in cui svolgono altri compiti.

In questa prospettiva, è fondamentale la partecipazione, l'incoraggiamento e la responsabilizzazione degli studenti durante l'applicazione di queste metodologie, dato che è necessario ricontestualizzarle, associandole alle TIC in modo che l'uso di queste non siano solo mere procedure scollegate dal processo di insegnamento e apprendimento, ma strategie in grado di assistere la formazione di abilità e competenze degli studenti. Tra alcuni esempi di metodologie attive che hanno innovato questo campo e che possono essere utilizzate, possiamo evidenziare: *Peer Instruction (PI), Team-based learning, Project-based learning* o *Problem Based Learning*.

Secondo Schmitz (2016), l'*istruzione tra pari (PI)* o, tradotto in portoghese, l'apprendimento tra pari è un metodo utilizzato in tutte le discipline perché è un modo interattivo di insegnare. Questa metodologia permette agli studenti di lavorare insieme in modo che uno studente istruisca l'altro su un determinato argomento. Il primo studente che istruisce l'altro deve essere l'"esperto" nella materia insegnata, mentre l'altro sarà il "novizio".

Questa logica può essere utilizzata anche nell'*apprendimento basato sul gruppo,* noto anche come apprendimento cooperativo o apprendimento basato sul gruppo (TBL). Secondo Rocha e Lemos (2014), in questo metodo gli studenti sono divisi in piccoli gruppi e ogni persona del gruppo è responsabile dell'insegnamento agli altri, in modo che ognuno contribuisca in qualche modo al rendimento del gruppo in un determinato compito.

L'apprendimento basato su progetti, invece, è un metodo di insegnamento in cui gli studenti sono in grado di ottenere conoscenze e sviluppare competenze attraverso la ricerca e/o le risposte a domande o problemi complessi che richiedono la loro attenzione per un lungo periodo di tempo per portare a termine l'attività, come descritto da Mota e Rosa (2018). Per la realizzazione dell'apprendimento basato su progetti o problemi, gli studenti possono lavorare su un particolare progetto per una settimana o anche per periodi semestrali, con l'obiettivo di essere pienamente coinvolti nella realizzazione del progetto o nella risoluzione del problema.

Secondo Schmitz (2016), il Problem *Based Learning* (PBA) è un approccio che guida l'intera organizzazione curriculare, perché per la sua realizzazione è necessario che tutto il personale docente, amministrativo e accademico sia presente e coinvolto per collaborare alla definizione dei ruoli di ciascuno dei soggetti coinvolti. Pertanto, i problemi devono essere elaborati da una commissione formata e destinata a farlo in modo tale da padroneggiare gli argomenti essenziali in cui gli studenti studieranno per andare in linea con quanto descritto nel programma della materia.

Inoltre, altri tipi di metodologie che possono essere utilizzate sono le simulazioni, la problematizzazione, l'aula condivisa, il metodo dei casi, l'insegnamento su misura, l'apprendimento personalizzato e la *progettazione.*

Così, secondo Rocha e Lemos (2014, p. 07), "le simulazioni sono strumenti che assistono e completano la lezione frontale, fornendo opportunità di partecipazione interattiva attraverso dimostrazioni". Pertanto, quando questo strumento viene utilizzato correttamente, è in grado di suscitare interesse negli studenti, trasformando l'aula in un luogo divertente che li stimola. Le simulazioni, ampiamente utilizzate nel campo delle scienze esatte, pur essendo un ottimo strumento di ausilio alle dimostrazioni, non dovrebbero sostituire le lezioni pratiche.

In questo modo, la simulazione rende il processo di apprendimento meno monotono e più attraente per l'occhio dello studente, rendendo la lezione divertente e interattiva, rendendo l'apprendimento più veloce, consentendo dimostrazioni di concetti astratti difficili da comprendere come atomi e molecole, o dimostrando fenomeni pericolosi e non accessibili alla classe per motivi di sicurezza, come sottolineato da Rocha e Lemos (2014).

Secondo Bacich e Moran (2018, p. 18), "il pensiero della Nuova Scuola converge con le idee di Freire (1996) sull'educazione dialogica, partecipativa e di sensibilizzazione, che si sviluppa attraverso la problematizzazione della realtà". La metodologia basata sulla problematizzazione mira a insegnare agli studenti attraverso la creazione di situazioni che stimolino la loro curiosità e creino possibilità per loro di pensare in modo critico e consapevole alla loro realtà, cercando di essere un agente di trasformazione dell'ambiente in cui sono inseriti.

Secondo Schmitz (2016), uno dei metodi più utilizzati nell'ambito della problematizzazione è l'Arc, di Charles Maguerez, che prevede un processo in cinque fasi che parte dalla realtà o da una sua parte, ovvero: osservazione della realtà; punti chiave; teorizzazione; ipotesi di soluzione; applicazione alla realtà (pratica). In questo modo, lo studente può sviluppare una visione riflessiva e attiva, imparando in modo problematizzato con la propria realtà come punto di partenza.

L'aula condivisa, secondo Gonçalves e Silva (2018), è un modello di insegnamento che consente di svolgere attività nello stesso luogo, nello stesso momento, contemporaneamente alla partecipazione di più classi alla volta. Data la logistica per l'applicazione di questa metodologia, è estremamente importante che al momento della pianificazione si tenga conto del tempo e dello spazio, affinché l'applicazione abbia successo.

Secondo Schmitz (2016), il metodo dei casi è una strategia basata sulla presentazione di informazioni o fatti che cercano di far riflettere lo studente su quanto studiato. Pertanto, lo studente deve leggere prima della lezione il materiale di studio fornito dall'insegnante. In classe, l'insegnante presenterà il caso e gli studenti discuteranno con la mediazione dell'insegnante, e alla fine ci sarà una valutazione basata sull'intraprendenza di ogni studente durante la discussione.

Secondo Schmitz (2016), l'insegnamento su misura (MES) è un metodo che si basa sull'adattamento delle lezioni avendo come riferimento le esigenze degli studenti, in modo che la diagnosi per arrivare a tale conclusione avvenga attraverso la lettura delle risposte informate dagli studenti. In questo modo, questa strategia cerca di massimizzare il tempo in classe e di strutturare il tempo fuori dall'aula in vista di un maggiore apprendimento, oltre a creare e mantenere lo spirito di squadra.

L'apprendimento personalizzato, secondo Bacich e Moran (2018), è quello che costruisce situazioni di apprendimento in un modo che ha senso per ogni studente e che espande le sue conoscenze in un modo che lo rende più autonomo. Nell'apprendimento personalizzato gli studenti possono cercare le risposte a tutti i loro dubbi, non solo sui contenuti. In questo modo possono mettere in relazione il loro apprendimento con il loro progetto di vita e le loro prospettive per il futuro.

Inoltre, la metodologia del *design* può essere un alleato dell'apprendimento personalizzato nella creazione del progetto di vita, perché lavora con lo studente puntando sull'"empatia, sulla creazione di ambienti affettivi e di fiducia, in cui ogni studente possa esprimersi e raccontare il suo percorso, le sue difficoltà, le sue paure, le sue aspettative" (Bacich e Moran, 2018, p. 45). In questo modo, lo studente può trovare il senso per disegnare il proprio progetto di vita per il futuro con l'aiuto di professionisti formati per questo.

5.2 Classe capovolta

Nell'insegnamento tradizionale, la lezione ha solitamente un carattere espositivo, basato solo sulla trasmissione dei contenuti minimi per la formazione di base degli studenti. Pertanto, gli insegnanti si adoperano per garantire il raggiungimento di questo obiettivo, insegnando i concetti di base e chiedendo poi agli studenti di svolgere un'attività per approfondire le loro conoscenze.

Tra le metodologie attive attualmente più diffuse, la flipped classroom si distingue presentando l'idea centrale che lo studente è il protagonista della costruzione della propria conoscenza, e la trasmissione di questa avviene al di fuori dell'aula, essendo il docente il mediatore che lo assiste durante tutto il metodo applicato.

Secondo Schmitz (2016, p. 31), la flipped classroom è un termine comunemente usato per riferirsi a varie espressioni derivanti dall'inglese, come *"classe capovolta; classe capovolta; insegnamento capovolto o insegnamento capovolto; insegnamento inverso; capovolgere la classe o capovolgere la classe". Flipped Classroom,* che è un modello con radici nell'educazione ibrida.

Inoltre, la flipped classroom può contribuire all'apprendimento significativo, partendo dalla premessa che gli studenti sono responsabili e possono essere attivi e autonomi, perché la responsabilità di apprendere spetta principalmente allo studente. In questo senso, alcuni autori evidenziano le loro teorie sull'apprendimento, ampliando la prospettiva che un insegnamento significativo migliori le prestazioni degli studenti.

Per Ausubel (1980) l'apprendimento è significativo quando gli studenti mettono in relazione le nuove informazioni con le conoscenze pregresse esistenti e quando il contenuto studiato diventa plausibile e presenta significati che possono essere elaborati attraverso metodi attivi.

Nella teoria sociointerazionista di Vygotskij (1998), l'attenzione principale è rivolta all'appropriazione e all'interiorizzazione dell'apprendimento, dove l'obiettivo dell'insegnante è quello di inserire relazioni affinché lo studente raggiunga la zona di sviluppo prossimale, tra ciò che lo studente può fare autonomamente o con l'aiuto dell'insegnante, ad esempio, perché questo è il momento migliore per lo studente per imparare, applicando le sue conoscenze già esistenti ed essendo guidato in situazioni che non può risolvere da solo.

Per aumentare l'efficacia di questa metodologia, è possibile combinarla con risorse tecnologiche, migliorando ancora di più l'interazione e il processo di ricerca della conoscenza e/o della sua costruzione. Gli insegnanti possono utilizzare varie strategie e risorse didattiche nello svolgimento delle loro lezioni, rendendole differenziate e abbandonando la consuetudine che diventa monotona e faticosa sia per gli insegnanti che per gli studenti.

In questo caso, si possono inserire le tecnologie, considerando la loro grande diffusione nella società e la familiarità che gli studenti hanno rispetto al loro utilizzo. Nel caso della flipped classroom, gli insegnanti possono inserire materiali elaborati, come riassunti, mappe mentali (che possono essere prodotte dagli stessi studenti), video lezioni e altro. Tutto questo processo avviene prima della lezione frontale, in modo che gli studenti studino a casa, lavorando preferibilmente sulla loro autonomia e curiosità rispetto ai contenuti studiati in precedenza.

In questo senso, Nagumo e Teles (2020) sottolineano che l'uso dei video, ad esempio, è una risorsa utilizzata come mezzo per trasmettere materiale complementare online, offrendo agli studenti una maggiore flessibilità di apprendimento e all'insegnante la possibilità di avere accesso ai propri studenti, anche quando non sono in classe. I video possono essere utilizzati come facilitatori nel processo di comprensione di nuovi contenuti, provocando una maggiore partecipazione degli studenti in classe, che lavorano attivamente quando la classe è più dinamica.

Schneiders (2018) conferma che questa inversione della classe consiste nel fare a casa ciò che si è fatto in classe, come la trasmissione di contenuti, e nel fare in classe le attività legate all'assimilazione delle conoscenze, che di solito si fanno a casa, come lavori di gruppo, dibattiti, risoluzione di problemi, ecc.

Valente (2018) sottolinea che nell'approccio flipped classroom, i materiali della lezione, insieme alle istruzioni, vengono inviati agli studenti online, principalmente in ambienti di apprendimento virtuali. In questo modo, quando arrivano in classe in presenza del docente, il tempo che prima sarebbe stato utilizzato per insegnare i contenuti sarà impiegato per lavorare con attività pratiche come la risoluzione di problemi o progetti, tenendo discussioni di gruppo, avendo anche la possibilità di utilizzare i laboratori.

Per implementare l'approccio della flipped classroom, è necessario produrre materiali di facile comprensione per gli studenti che lavorano online e una buona pianificazione delle attività che verranno svolte in classe faccia a faccia. Schmitz (2016) afferma che nel modello della flipped classroom si verifica la riorganizzazione del tempo, in modo che il primo momento della lezione sia dedicato a rispondere alle domande che gli studenti pongono sui contenuti precedentemente consegnati, e solo dopo il chiarimento dei contenuti che saranno applicati le attività pratiche.

Dopo la lezione, l'insegnante può fornire agli studenti, attraverso ambienti digitali, metodi che permettono al discente di fissare ciò che ha imparato in classe, chiudendo la materia in modo efficace. In questo modo, il flipped learning può trasformare l'ambiente monotono della classe in un ambiente di apprendimento dinamico e interattivo, in cui gli studenti agiscono in modo diretto e partecipativo in relazione agli argomenti studiati.

Pertanto, secondo Schneiders (2018), un piano di lezione ben progettato e dettagliato è essenziale per lo sviluppo e il successo della metodologia della flipped classroom, è necessario che i materiali siano resi disponibili prima della lezione frontale in modo che il dibattito e le discussioni avvengano con successo. La chiave del flipping classroom è coinvolgere gli studenti attraverso domande o problem solving, cercando sempre di rivedere, ampliare e applicare ciò che è stato precedentemente appreso online attraverso attività ben pianificate.

La figura 3 illustra le azioni che possono essere svolte durante l'applicazione della metodologia della flipped classroom, considerando che il tempo di studio in altri spazi deve essere pianificato in modo da studiare i materiali forniti dal docente e, in classe, si discute e si svolgono altre azioni per problematizzare i contenuti.

Figura 3. Azioni intraprese nella metodologia della classe capovolta

Fonte: Autore proprio

5.3 L'aula capovolta nell'insegnamento dei cicli biogeochimici

Gli elementi chimici disponibili negli ecosistemi sono limitati e, vista la loro importanza per gli esseri viventi, è necessario riciclarli attraverso cicli noti come biogeochimici, che coinvolgono sia componenti biotiche (esseri viventi) che abiotiche (acqua, aria, luce, suolo, temperatura, ecc.), relative a processi chimici, fisici e biologici (REECE et al., 2015).

Il contenuto dei cicli biogeochimici è inserito nella matrice curricolare del 2° anno di scuola superiore del Curricolo Unico di Riferimento di Acri, sulla base dei principi che guidano il BNCC. Per l'area delle Scienze della Natura e delle sue Tecnologie, l'approccio di questi contenuti rappresenta la competenza specifica 1:

> Analizzare i fenomeni naturali e i processi tecnologici, sulla base delle interazioni e delle relazioni tra materia ed energia, per proporre azioni individuali e collettive che migliorino i processi produttivi, minimizzino gli impatti socio-ambientali e migliorino le condizioni di vita a livello locale, regionale e globale (BRASIL, 2018a, p. 554).

Il contenuto dei cicli biogeochimici, secondo il documento citato, deve essere affrontato per rendere gli studenti in grado di pensare e proporre soluzioni ai problemi ambientali, dal momento che questi cicli sono collegati alle piogge acide, al riscaldamento globale, ai roghi e ad altri fattori che danneggiano l'ecosistema. Inoltre, è importante che gli studenti migliorino le loro capacità cognitive, comunicative, personali e sociali, in modo da poter continuare a svilupparle e mobilitarle nella risoluzione dei problemi e nel processo decisionale.

Da questo punto di vista, la comprensione di questo tema dimostra un approccio più profondo con l'obiettivo di avvicinare i contenuti alla vita quotidiana degli studenti, cercando non solo di promuovere una maggiore comprensione della realtà in cui vivono, ma anche la loro identificazione come parte dei processi biofisici e biochimici che riguardano la vita sulla terra.

Inoltre, l'abilità che ci si aspetta di raggiungere attraverso l'applicazione di questi contenuti è la seguente:

> **(EM13CNT105)** Analizzare i cicli biogeochimici e interpretare gli effetti dei fenomeni naturali e delle interferenze umane su questi cicli, per promuovere azioni individuali e/o collettive che riducano al minimo le conseguenze dannose per la vita (BRASIL, 2018a, p. 555).

Anche nell'approccio ai cicli biogeochimici ci sono proposte di attività da utilizzare per rendere l'apprendimento più significativo, che possono essere adattate in base alla programmazione dell'insegnante. Alcune di queste includono immagini e materiali audiovisivi che mettono in relazione i cicli biogeochimici con fenomeni che si verificano nella vita quotidiana, come l'uso di *software* o applicazioni, brevi video per sensibilizzare l'opinione pubblica sulla base di problemi locali, tra gli altri.

In questo modo, il primo passo non è un approccio immediato e meccanico ai concetti e alle pratiche dei cicli biogeochimici, ma l'importanza che gli studenti diventino consapevoli del fatto che i problemi ambientali sono anche direttamente collegati ai cambiamenti antropici in questi cicli.

Pertanto, l'approccio alle tematiche ambientali è un'opportunità per contestualizzare l'insegnamento con le risorse tecnologiche secondo le indicazioni descritte nel BNCC, in cui si afferma che in un mondo pieno di informazioni e di facile accesso in ambienti diversi gli studenti possono sviluppare competenze per risolvere situazioni problematiche con etica e responsabilità (BRASIL, 2018a).

Così, il metodo della flipped classroom applicato ai cicli biogeochimici sarà una risorsa di apprendimento in grado di rendere questo rapporto dei media digitali con la ricerca di informazioni in un ambiente diverso dal solito, proponendo soluzioni da discussioni, chiarimenti di dubbi, mirando a migliorare i linguaggi argomentativi degli studenti, la loro criticità e creatività.

CAPITOLO 6

6. METODOLOGIA

La ricerca è stata applicata nel liceo statale Professor Heloisa Mourão Marques (Figura 4), situato a Rio Branco, Acre. Lo spazio ospita classi dal primo al terzo anno di scuola superiore nei turni di mattina e pomeriggio. Dispone di un totale di 12 aule, sala riunioni, sala insegnanti, segreteria, laboratorio di informatica e scienze, sala risorse polivalente per l'Assistenza Educativa Specialistica (AEE), oltre a un campo sportivo coperto, sala lettura, auditorium, mensa e bagni con doccia.

Figura 4: Facciata della scuola della prof.ssa Heloisa Mourão Marques.

Fonte: Autore proprio.

Inoltre, la scuola ha un totale di 10 classi del primo anno nei turni di mattina e pomeriggio, con una media di 44 studenti per classe. Al secondo anno ci sono 8 classi con una media di 44 studenti e al terzo anno ci sono 6 classi, per un totale di 46 studenti per classe. Vale la pena menzionare che nella classe in cui è stata sviluppata la ricerca, c'è una media di 22 studenti che frequentano regolarmente le lezioni. A causa dell'implementazione della nuova scuola superiore secondo il BNCC, l'oggetto di conoscenza scelto è stato quello dei cicli biogeochimici che costituiscono la componente curricolare della chimica per il secondo anno di scuola superiore.

Per lo sviluppo della metodologia, è stata effettuata una suddivisione in otto fasi, illustrata nella figura 5. Ogni fase comprendeva una fase svolta durante la ricerca dell'oggetto di conoscenza, che terminava il giorno dell'applicazione della lezione.

Figura 5. fasi sviluppate durante l'applicazione della ricerca.

Fonte: Autore proprio.

Fase 1: revisione della letteratura sul contenuto dei cicli biogeochimici

Per l'applicazione della lezione è stata fatta una ricerca sull'oggetto della conoscenza dei cicli biogeochimici. Si sono quindi cercate bibliografie che parlassero dell'argomento con un linguaggio accessibile e facile, in modo che gli studenti potessero comprendere autonomamente i concetti chimici affrontati. Poi, il piano della lezione è stato sviluppato seguendo la programmazione dell'insegnante responsabile della classe. La lezione in questione ha costituito il quinto momento della programmazione, visibile nell'Appendice 1, per un totale di 120 minuti di lezione.

Fase 2: Definizione dell'argomento e preparazione del materiale di studio da mettere a disposizione degli studenti.

Per la lezione è stata preparata una presentazione *Power Point con* una sintesi dei cicli biogeochimici, evidenziando le informazioni principali contenute nei materiali che sono stati successivamente messi a disposizione degli studenti, in modo da poterle ricapitolare durante la lezione mostrando ciascun ciclo attraverso immagini illustrative, come mostrato nell'Appendice 2.

Fase 3: disponibilità del materiale per lo studio preventivo prima dell'incontro faccia a faccia

Dopo la ricerca e la delimitazione del materiale da lavorare, i testi e il *link* del video informativo sono stati inviati all'insegnante via *WhatsApp,* dove sono stati messi a disposizione degli studenti del gruppo classe. In questo modo, il materiale di supporto relativo all'oggetto di conoscenza dei cicli biogeochimici è servito agli studenti per studiare prima della lezione e per poter formulare domande sui concetti studiati.

Fase 4: formulare domande, commenti e ulteriori ricerche

Il primo contatto con i contenuti è avvenuto attraverso le videolezioni e i riassunti in *Portable Document Format (PDF),* documenti di facile accesso. Successivamente, gli studenti hanno potuto dedicare del tempo individuale alla lettura dei materiali e alla formulazione delle domande sui cicli biogeochimici, in modo che, al momento dell'arrivo in classe, la dinamica della lezione potesse essere più diversificata e partecipativa, dal momento che gli studenti avrebbero già una conoscenza preliminare dell'argomento. Inoltre, questa fase è importante perché permette agli studenti di ricercare autonomamente i materiali per completare i loro studi.

Fase 5: incontro faccia a faccia e discussione dell'oggetto della conoscenza

Questa fase era destinata all'incontro faccia a faccia in cui la lezione è stata tenuta con l'ausilio di una presentazione *Power Point e di* un gioco sulla piattaforma *Kahoot.* La dinamica della lezione consisteva quindi in un breve riepilogo dei punti principali trattati nei materiali disponibili per lo studio e in un breve momento di chiarimento dei dubbi. Dopo lo scambio di conoscenze e il chiarimento dei dubbi, è stata realizzata una dinamica attraverso la piattaforma *Kahoot*, che ha cercato di integrare il ludico con le conoscenze acquisite in modo più attivo e partecipativo. Di seguito sono riportate alcune domande relative al *quiz, in* figura 6.

Figura 6. Domande del quiz sulla piattaforma Kahoot.

Fonte: Autore proprio.

Fase 6: Sviluppo di *Kahoot* come forma di interazione e consolidamento delle conoscenze

A questo punto gli studenti sono stati divisi in 4 gruppi di 4 persone e 1 gruppo di 3 persone, per un totale di 19 partecipanti. La dinamica del gioco era la seguente: ogni gruppo doveva accedere al *link* fornito con un telefono cellulare, inserire il nome della squadra e attendere l'inizio del gioco. Inoltre, le domande dovevano essere discusse insieme e poi rispondere. Per farlo, gli studenti possono utilizzare il materiale fornito per la consultazione. Vince la squadra che ha risposto al maggior numero di domande in modo corretto e nel minor tempo possibile, ottenendo così il maggior numero di punti.

Fase 7: Sviluppo dell'attività di valutazione

Per concludere la lezione è stata applicata un'attività valutativa per comporre il voto degli studenti. Le domande erano contestualizzate e a scelta multipla e mettevano in relazione i contenuti studiati con altre conoscenze, in modo che gli studenti sviluppassero la capacità di mettere in relazione i concetti di cicli biogeochimici con l'ecologia, ad esempio, e gli impatti che lo squilibrio di questi cicli ha sulla società e sul mondo. Le attività sono riportate nell'Appendice 3. Inoltre, è stato reso disponibile un modulo di consenso libero e informato (appendice 4) per avere il permesso di utilizzare le risposte degli studenti nella ricerca sviluppata.

Fase 8: risposta al modulo di valutazione della lezione

Dopo che gli studenti hanno completato l'attività di valutazione, è stato applicato un questionario su *Google Forms con un* totale di dieci domande che miravano a conoscere l'opinione degli studenti sui materiali forniti e sull'uso della metodologia della flipped classroom. Le domande contenevano opzioni a scelta multipla e domande discorsive che permettevano agli studenti di riferire la loro esperienza in merito alla lezione sviluppata nel formato della flipped classroom.

CAPITOLO 7

7. RISULTATI E DISCUSSIONE

7.1 Descrizione della classe

La lezione è iniziata con un breve riassunto dei punti principali contenuti nei materiali studiati dagli studenti. È stato quindi spiegato che i cicli biogeochimici comprendono i processi che avvengono in natura per garantire il riciclo degli elementi chimici nell'ambiente. Sono quindi questi cicli che permettono agli elementi di interagire con l'ambiente insieme agli esseri viventi, assicurando che l'elemento fluisca attraverso l'atmosfera, l'idrosfera, la litosfera e la biosfera. Lo schema dei cicli può essere visto nella figura 7, rappresentata di seguito.

Figura 7. Definizione dei cicli biogeochimici.

O que são os ciclos biogeoquímicos?

» São processos que ocorrem na natureza para garantir a reciclagem de elementos químicos no meio. São esses ciclos que possibilitam que os elementos interajam com o meio ambiente e com os seres vivos, ou seja, garantem que o elemento flua pela atmosfera, hidrosfera, litosfera e biosfera.

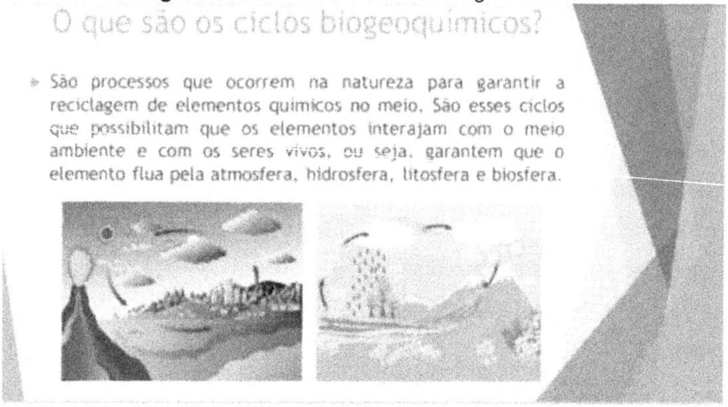

Fonte: Autore proprio.

In seguito abbiamo parlato del ciclo dell'acqua che passa dalla fase liquida, presente nei fiumi e nei mari, allo stato di vapore attraverso l'evaporazione; quando raggiunge gli strati più alti dell'atmosfera, il vapore acqueo si condensa e torna in superficie in forma liquida, in un processo chiamato precipitazione. Quando il raffreddamento del vapore acqueo è eccessivo, dopo la condensazione si solidifica e torna sulla terra sotto forma di neve o grandine.

In questo modo, attraverso la figura 8 è stato spiegato che quando l'acqua cade sull'ambiente terrestre, si infiltra nel suolo e finisce nelle acque sotterranee, e gli esseri viventi ingeriscono o assorbono l'acqua dall'ambiente e la utilizzano in varie reazioni che avvengono nei loro organismi. L'acqua può essere restituita all'ambiente dagli esseri viventi nei processi di respirazione, traspirazione ed escrezione.

Figura 8. Schema del ciclo dell'acqua.

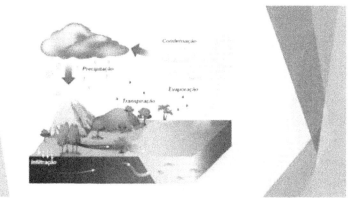

Fonte: Autore proprio.

È stato poi spiegato come avviene il ciclo del carbonio nell'ambiente (schematizzato nella figura 9), sottolineando che inizia con la fotosintesi, gli organismi autotrofi assimilano i composti carbonatici, li trasformano in materia organica e li trasferiscono agli organismi eterotrofi attraverso la catena alimentare. Anche gli organismi che effettuano la chemiosintesi utilizzano il carbonio per produrre composti organici. Agli studenti è stato chiesto se ricordavano come avviene il processo in cui il carbonio viene restituito all'ambiente, sottolineando che questo avviene naturalmente perché la maggior parte degli esseri viventi rilascia anidride carbonica (CO_2) nel processo di respirazione e decomposizione.

Figura 9. Schema del ciclo del carbonio.

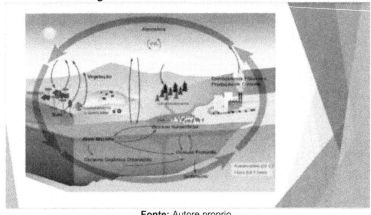

Fonte: Autore proprio.

È importante sottolineare che l'uomo contribuisce all'aumento della CO_2 in natura attraverso azioni come la deforestazione, la combustione e l'uso di combustibili fossili, e da ciò è stato spiegato che ciò provoca uno squilibrio nel ciclo del carbonio poiché quando i composti organici vengono bruciati, di solito rilasciano anidride carbonica, come nel caso della combustione di combustibili fossili come il carbone e il petrolio. Pertanto, l'eccessiva combustione di questi combustibili sta causando gli squilibri nella temperatura del pianeta (TOWNSED, BEGON e HARPER, 2010).

È stato spiegato che questo accade perché l'anidride carbonica è uno dei gas serra, un fenomeno naturale e fondamentale per il mantenimento della vita sul pianeta, e che quando c'è troppa CO_2, l'effetto serra si intensifica e la temperatura del pianeta aumenta, il che è chiamato riscaldamento globale. Sono state quindi presentate le principali forme di rilascio di anidride carbonica, che sono la respirazione cellulare, la decomposizione degli organismi viventi e la combustione. L'assorbimento di questo gas avviene da parte di piante e alghe nel processo di fotosintesi, il che significa che le piante svolgono un ruolo molto importante nel bilanciare la quantità di carbonio.

È stata fatta una breve discussione sull'aumento delle emissioni di carbonio nell'atmosfera, che è stato notato negli ultimi decenni. Inoltre, è stato evidenziato che la deforestazione delle foreste in tutto il mondo è aumentata a ritmi allarmanti e le conseguenze sono lo scioglimento delle calotte polari, la scomparsa delle città costiere, la riduzione dell'acqua sul pianeta, gli squilibri negli ecosistemi e la diminuzione dell'offerta di risorse naturali.

Inoltre, sempre a proposito dello squilibrio del ciclo del carbonio, si è discusso del fenomeno noto come piogge acide, che è la diffusione che si verifica nello scambio di CO_2 tra l'idrosfera e l'atmosfera fino al raggiungimento di un equilibrio tra i due mezzi. La CO_2 presente nell'atmosfera può dissolversi nella pioggia e produrre una sostanza acida, H_2CO_3, che agirà nell'erosione delle rocce silicatiche, liberando ioni Ca^{2+} e HCO_3^-.

Questi ioni sono utilizzati negli oceani dagli organismi per costruire i loro gusci che, dopo la morte, si accumulano nei sedimenti. Questo materiale può migrare verso regioni ad alta pressione e temperatura, dove i carbonati vengono parzialmente fusi. L'azione dei vulcani rilascerà la CO_2 nell'atmosfera. Le piogge acide sono precipitazioni con presenza di acido solforico, acido nitrico e acido nitroso, derivanti da reazioni chimiche che avvengono nell'atmosfera (MEDEIROS, 2005).

La discussione si è quindi conclusa affermando che tutte le precipitazioni sono acide, anche in ambienti non inquinati. Tuttavia, le precipitazioni diventano un problema ambientale quando il loro pH è inferiore a 4,5. Essi derivano dalla quantità esagerata di prodotti della combustione di combustibili fossili rilasciati nell'atmosfera a seguito delle attività umane. Gli ossidi di zolfo (SO_2 e SO_3) e gli ossidi di azoto (N_2O, NO e NO_2) sono i principali componenti delle piogge acide. Questi composti vengono rilasciati nell'atmosfera attraverso la combustione di combustibili fossili (MEDEIROS, 2005).

A proposito del ciclo dell'ossigeno, illustrato nella Figura 10, si è detto che la principale via di produzione dell'ossigeno è il processo di fotosintesi, effettuato da organismi autotrofi fotosintetizzanti, come piante e alghe; questi organismi assimilano l'anidride carbonica (CO_2) per la produzione di materia organica e rilasciano nell'ambiente, come uno dei prodotti del processo, ossigeno gassoso (O_2). L'ossigeno rilasciato nell'atmosfera sarà quindi utilizzato da alcuni organismi nel processo di respirazione cellulare. Uno dei prodotti della respirazione cellulare è l'anidride carbonica, che verrà rilasciata nell'ambiente, dimostrando che i cicli dell'ossigeno e del carbonio sono interconnessi; inoltre, l'ossigeno prodotto parteciperà anche alla formazione dello strato di ozono (REECE *et al.* 2015).

Figura 10. Schema del ciclo dell'ossigeno.

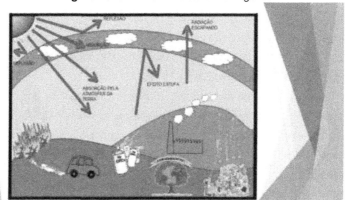

Fonte: Autore proprio.

Per concludere la ricapitolazione si è parlato del ciclo dell'azoto, figura 11, che secondo Townsend, Begon e Harper (2010) è un elemento presente nelle molecole di aminoacidi, costituenti delle proteine, e costituisce circa il 78% dell'atmosfera. Il ciclo dell'azoto può essere suddiviso in tre fasi: la prima è la fissazione. Questa fase corrisponde alla rimozione dell'azoto dall'atmosfera (N_2) e alla sua trasformazione in ammoniaca (NH_3), che può essere assimilata dagli esseri viventi.

Nella seconda fase, nota come nitrificazione, l'ammoniaca prodotta in precedenza, così come quella rilasciata dagli escrementi degli animali e dai processi di decomposizione, viene convertita nel suolo in nitriti (NO_2^-) e nitrati (NO_3^-), sostanze più facilmente assorbibili e assimilabili dalle piante. La terza fase è la denitrificazione, un processo in cui i batteri, chiamati denitrificatori, rimuovono l'azoto da composti azotati come nitriti e nitrati e lo restituiscono all'atmosfera in forma gassosa (TOWNSEND, BEGON e HARPER, 2010).

Figura 11. Schema del ciclo dell'azoto.

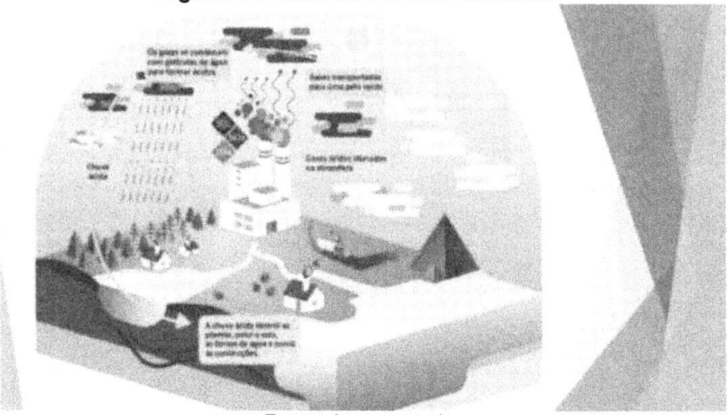

Fonte: Autore proprio.

Dopo aver completato la spiegazione, è stata avviata un'attività sui concetti studiati, che ha richiesto la formazione di gruppi per eseguire il *quiz*, utilizzando la piattaforma *Kahoot* in modo che gli studenti potessero competere rispondendo alle domande. Per ogni domanda era previsto un tempo e più veloce era la risposta, più alto era il punteggio. Alla fine di ogni turno è stata stilata una classifica con il punteggio di ogni squadra.

La dinamica si è svolta in modo partecipativo, con discussioni tra i membri del gruppo sulla risposta più appropriata, sulla base dei materiali disponibili che potevano essere consultati. In totale, c'erano 19 domande a scelta multipla vere o false. Le prime domande si riferivano al ciclo dell'acqua (Figura 12). È stato notato che gli studenti hanno cercato di discutere l'argomento in modo pratico e oggettivo. Inoltre, i gruppi erano organizzati in modo soddisfacente: mentre un membro faceva ricerche sui materiali, gli altri discutevano e mettevano insieme le informazioni.

Figura 12. Domande sul ciclo dell'acqua.

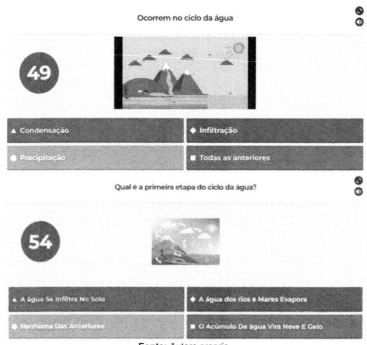

Fonte: Autore proprio.

Dopo le domande relative al ciclo dell'acqua, è stata avviata la batteria di domande sul ciclo del carbonio, alcune delle quali sono visibili nella Figura 13. Inoltre, si è visto che, sebbene gli studenti dovessero rispondere rapidamente, le domande relative all'identificazione dei cicli sono state quelle che hanno avuto il maggior numero di risposte corrette, a dimostrazione del fatto che l'uso delle immagini contribuisce al processo di apprendimento degli studenti. È stato notato che ogni gruppo era competitivo in relazione al gioco in modo sano e che quando gli studenti non hanno azzeccato una domanda si sono sentiti tristi e "indignati" riferendo che era una domanda facile, ma non sono riusciti ad azzeccarla.

Figura 13. Domande sul ciclo del carbonio.

Fonte: Autore proprio.

Le domande relative al ciclo dell'ossigeno sono state discusse durante il momento di chiarimento e sono state affrontate nel quiz insieme al ciclo del carbonio (Figura 14), con l'obiettivo di far comprendere agli studenti il modo in cui i due cicli sono collegati. Si è quindi notato che le domande relative alla relazione tra i cicli hanno avuto un alto numero di risposte corrette.

Secondo Reece *et al.* (2015) il ciclo dell'ossigeno è uno dei cicli più importanti dell'ecosistema perché garantisce la respirazione cellulare, senza la quale gli esseri viventi non produrrebbero energia, oltre a costituire lo strato di ozono, che essendo molto reattivo gli atomi di ossigeno reagiscono con altre molecole di ossigeno nella stratosfera, proteggendo l'umanità dai raggi ultravioletti emessi dal Sole.

Figura 14. Domande sul ciclo del carbonio e dell'ossigeno.

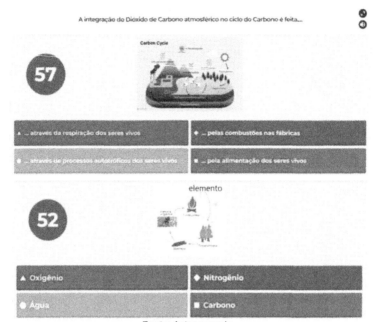

Fonte: Autore proprio.

Le domande relative al ciclo dell'azoto, schematizzate nella figura 15, hanno avuto il maggior numero di risposte corrette, a dimostrazione che la maggior parte degli studenti ha compreso le spiegazioni relative al ciclo.

Secondo Townsend, Begon e Harper (2010) il ciclo dell'azoto presenta un'ampia fase atmosferica di enorme importanza, oltre a trovarsi in fonti geologiche che presentano un valore nella produzione di combustibile nelle comunità terrestri e d'acqua dolce. Inoltre, l'azoto svolge un ruolo chiave nel metabolismo delle piante, partecipando alla biosintesi delle proteine e della clorofilla, con un valore significativo per l'agricoltura.

Figura 15. Domande sul ciclo dell'azoto.

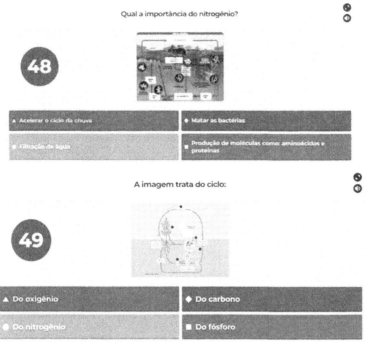

Fonte: Autore proprio.

Dopo le domande specifiche, sono state poste due domande a doppio punto. Queste domande sono state decisive per la competizione e gli studenti hanno lavorato duramente per rispondere correttamente. Le domande erano basate sull'esame nazionale di maturità - ENEM, in modo contestualizzato, testando l'integrazione delle conoscenze sui cicli biogeochimici. Sono visibili nella figura 16.

Figura 16. Domande ENEM.

Fonte: Autore proprio.

Durante l'attività, si è notato che gli studenti erano eccitati e curiosi. Inoltre, lo spirito di competizione li ha spinti a cercare le risposte nei materiali disponibili e a rivedere quanto studiato, contribuendo a una migliore comprensione dei concetti trattati durante la lezione. Ciò è dimostrato dall'esame della percentuale di risposte corrette per ogni domanda (figura 17). In base alle risposte, solo tre domande hanno avuto un basso livello di risposte corrette (17%), mostrando una buona performance complessiva.

Figura 17. Rapporto tra il numero di risposte corrette per ogni domanda.

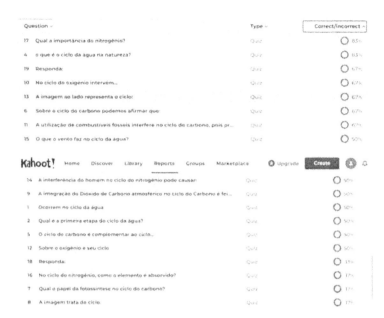

Fonte: Autore proprio.

Alla fine del *quiz*, è stata rivelata la squadra vincitrice (figura 18) ed è stato osservato che i vincitori erano sorpresi di aver azzeccato la maggior parte delle domande. Nel frattempo, gli altri hanno capito che avrebbero dovuto migliorare le loro conoscenze e rivedere i concetti studiati. Vale la pena ricordare che le squadre avevano nomi in codice già determinati dalla piattaforma *Kahoot*.

Figura 18. Classifica delle squadre vincitrici.

Fonte: Autore proprio.

Dopo la lezione, è stata applicata un'attività con un totale di 13 domande a scelta multipla, vere o false, che collegavano le conoscenze applicate ai cicli biogeochimici con altre aree di conoscenza. Per risolvere l'attività, agli studenti è stato chiesto di non utilizzare internet e i materiali per la ricerca, ma di cercare di salvare le conoscenze acquisite durante la lezione. Successivamente è stato chiesto loro di rispondere al questionario sulla metodologia utilizzata durante la lezione.

7.2 Risposte degli studenti al questionario

Per raccogliere le informazioni, è stato condotto un questionario semi-strutturato nella piattaforma *Google Forms;* alcune domande erano a scelta multipla, con la possibilità di segnare più di un'opzione, mentre altre richiedevano agli studenti di parlare della loro esperienza nell'utilizzo della metodologia flipped classroom per la comprensione dei cicli biogeochimici.

La prima domanda ha cercato di individuare i tipi di metodologie più apprezzate dagli studenti, ai quali è stato chiesto come preferiscono che si svolga la lezione, e il 47% ha risposto di preferire la forma espositiva e "tradizionale" della lezione, come si vede nella figura 19, riportata di seguito.

Figura 19. Risposte degli studenti alla prima domanda.

Fonte: Autore proprio.

Sulla base di questi dati, Kruger (2013) afferma che l'uso del metodo tradizionale è vantaggioso per l'insegnante perché c'è più controllo in classe, e quindi continua a essere il più utilizzato dai sistemi educativi. Sebbene vi siano critiche al modello scolastico tradizionalista che ha segnato l'inizio dell'emergere di nuovi approcci didattici, queste nuove prospettive avevano come riferimento gli approcci tradizionali. Tuttavia, le nuove strategie didattiche cercano di differenziarsi dai vecchi metodi di insegnamento attraverso diverse tendenze pedagogiche che guidano la pratica scolastica.

Con la seconda domanda si è cercato di capire se gli studenti avessero sentito parlare di metodologie attive e si è notato che la maggior parte degli studenti (68,4%) non aveva idea di cosa fossero queste metodologie, come indicato nel grafico seguente (Figura 20).

Figura 20. Risposta degli studenti alla seconda domanda.

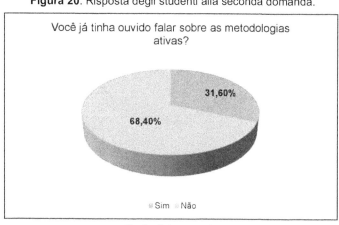

Fonte: Autore proprio.

Secondo Moran (2018), l'uso di metodologie attive nel processo di apprendimento rende lo studente del XXI secolo responsabile del proprio apprendimento, andando oltre un'educazione bancaria in cui solo l'insegnante si occupa di depositare la conoscenza nello studente.

Pertanto, l'uso di metodologie attive per facilitare la comprensione dell'insegnamento dei cicli biogeochimici diventa di estrema importanza, trasformando gli spazi fisici in un luogo di apprendimento, andando oltre l'aula tradizionale. Tuttavia, si osserva che gli studenti dell'istituto in cui è stato applicato il questionario preferiscono il metodo tradizionale, perché non hanno familiarità con i metodi attivi e perché sono abituati a questo tipo di insegnamento.

Con la terza domanda si è cercato di analizzare se l'applicazione della metodologia flipped classroom abbia contribuito alla comprensione dei cicli biogeochimici e l'89,5% degli studenti ha risposto di sì, come illustrato nella figura 21.

Figura 21. Grafico relativo alla terza domanda.

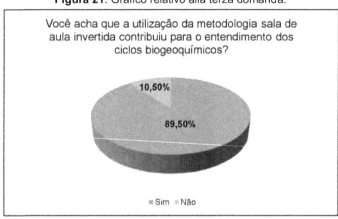

Fonte: Autore proprio.

Bacich e Moran (2017) affermano che l'apprendimento attivo aumenta la flessibilità cognitiva, la capacità di alternare ed eseguire compiti, operazioni mentali o obiettivi diversi e di adattarsi a situazioni inaspettate, superando modelli mentali rigidi e automatismi inefficienti, un concetto che può essere presentato nel questionario. Infatti, quasi tutti gli studenti intervistati hanno risposto con fermezza di aver compreso meglio i contenuti nella metodologia della flipped classroom.

La quarta domanda mirava a scoprire quanto l'uso della metodologia attiva abbia contribuito alla comprensione del contenuto dei cicli biogeochimici e un numero significativo di studenti (31,6%) ha dato come risposta il massimo dei voti (figura 22).

Figura 22. Grafico relativo alla quarta domanda.

Fonte: Autore proprio.

Sulla base di questi risultati, si percepisce che la metodologia attiva della flipped classroom favorisce l'apprendimento significativo dei contenuti, che corrispondono alle diverse materie scientifiche e ne permettono la concretizzazione. Tuttavia, non ha contribuito per una piccola parte degli studenti (15,8%), come ci si aspettava, considerando l'individualità e i diversi mezzi di ogni individuo nel processo di apprendimento. Tuttavia, la maggior parte ha avuto successo con l'uso di questa metodologia.

Con la quinta domanda, che riguardava la giustificazione della quarta domanda, si intendeva individuare la capacità di autonomia degli studenti in relazione alla metodologia utilizzata, e la maggior parte degli studenti ha affermato positivamente questo contributo significativo, presentando alcune giustificazioni pertinenti, come dichiarato dagli studenti A e B.

Studente A: *"Sì, perché con diversi metodi di apprendimento possiamo capire più velocemente o più facilmente".*

Alunno B: *"Sì, perché potevo osservare i contenuti che sarebbero stati studiati in classe e documentarmi meglio".*

In base a queste affermazioni, si può notare che la metodologia della flipped classroom ha contribuito all'autonomia di alcuni studenti, cambiando le funzioni tradizionali dell'insegnamento e ampliando la visione che l'aula non è l'unico spazio possibile per l'apprendimento, e che gli studenti possono sviluppare e migliorare il loro ritmo di studio, ricercando di più sui contenuti e avanzando nella ricerca della comprensione della conoscenza, articolando il desiderio di imparare e la loro curiosità. Di conseguenza, lo studente C conferma la seguente affermazione:

Studente C: *"Sì, perché stimola la curiosità verso i contenuti".*

Freire (2003) afferma che senza la curiosità, che rende l'essere umano capace di fare indagini, di avere dubbi e domande, non ci sarebbe relazione tra il soggetto e l'oggetto riguardo ai limiti della conoscenza, rendendo insolita la possibilità di conoscere. Pertanto, l'insegnante che rende possibile questa possibilità di stimolare la capacità critica nel suo studente sarà in grado di sviluppare in lui la curiosità epistemologica, inserendolo in un percorso stimolante nella ricerca della conoscenza.

D'accordo, lo studente D esprime un'affermazione consona all'affermazione di Freire, relativa alla settima domanda "Come giudichi le dinamiche della classe?".

Alunno D: *"È qualcosa di diverso che ci incuriosisce e ci fa venire voglia di scoprire cosa succederà e di conseguenza presta più attenzione alla spiegazione". "*

Secondo la teoria del costruttivismo, il discente dovrebbe partecipare attivamente alla costruzione della propria conoscenza. In questo senso, l'insegnante deve cambiare il modo di insegnare, portando sempre più il processo di insegnamento e apprendimento nelle mani degli studenti, in modo che siano loro a ricercare, creare e l'insegnante si limiti ad assistere a questo processo.

Di conseguenza, Leão (1999) spiega che il costruttivismo è una posizione nei confronti dell'acquisizione della conoscenza, e la maggior parte degli assunti epistemologici che costituiscono il costruttivismo si basano sull'idea che il pensiero non ha confini: viene costruito, distrutto e ricostruito. Uno dei punti principali della visione costruttivista dell'insegnamento si basa sul fatto che l'apprendimento è una costruzione dello studente stesso, dove è lui il centro del processo di apprendimento, e non l'insegnante. Pertanto, l'insegnante deve accettare di non essere più il centro dell'insegnamento e dell'apprendimento, ma lo studente stesso, che apprende attraverso l'interazione con l'insegnante e i suoi compagni.

In linea con ciò, Kruger (2013) afferma che nel metodo costruttivista lo studente agisce attivamente nel suo processo di insegnamento e apprendimento, essendo il costruttore della sua conoscenza, perché nella misura in cui lo studente è un partecipante, la sua conoscenza si solidifica. In questo modo, si introducono nuove figure nel processo di insegnamento e apprendimento, e la supremazia dell'insegnante dovrebbe lasciare il posto alla competenza di creare situazioni problematizzanti che provochino il ragionamento dello studente e portino a un apprendimento soddisfacente. L'insegnante costruttivista deve essere consapevole che non può più utilizzare solo "vecchie tecniche" per insegnare, così come non esistono ricette pronte per il lavoro in classe.

Questi risultati confermano quanto scritto da Freire (2011), ovvero che non c'è insegnamento senza discorso. Queste innovazioni si basano su un processo di apprendimento con esperienze reali o simulate e sono progettate per affrontare con successo le condizioni delle sfide che esistono nelle attività di base della pratica sociale in diversi contesti. Uno dei tratti distintivi di questo approccio è stato l'ascolto degli studenti, la valorizzazione delle loro opinioni, lo sviluppo dell'empatia, l'attenzione ai problemi e l'incoraggiamento e il rispetto dei diversi stili di apprendimento in classe, dato che alcuni preferivano il metodo tradizionale di insegnamento.

La sesta domanda (figura 23) era un voto in cui gli studenti sceglievano tra 1 e 5 la loro soddisfazione per la metodologia e le dinamiche della classe, riferendosi al gioco su *Kahoot* e all'applicazione del *quiz;* 5 era il punteggio massimo. I risultati ottenuti mostrano che il 47% degli studenti è soddisfatto delle dinamiche della classe.

Figura 23. Grafico relativo alla sesta domanda.

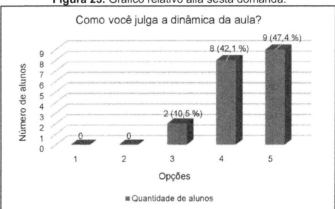

Fonte: Autore proprio.

Secondo Valente (2014), si può affermare che il successo dei risultati è dovuto all'esistenza di un apprendimento attivo, sia prima della lezione frontale che dopo, in cui lo studente può andare oltre il materiale fornito dall'insegnante e cercare ciò che sta per imparare, in modo da migliorare la sua traiettoria di apprendimento. Gli insegnanti, quindi, smettono di trasmettere informazioni e iniziano ad affrontare le difficoltà e le curiosità degli studenti e ad approfondire le conoscenze con motivazioni diverse.

Tuttavia, queste motivazioni possono essere esplorate a partire dal piacere che i giochi elettronici procurano, che possono essere utilizzati per attrarre gli studenti e fornire loro modalità di apprendimento intuitive e interattive. Questa idea può rompere una volta per tutte il paradigma dell'insegnante come unico detentore del sapere. L'uso di questi giochi rende il rapporto insegnante-studente più orizzontale, in cui l'insegnante diventa uguale allo studente nell'uso di queste applicazioni.

La settima domanda si basava sulla giustificazione delle risposte degli studenti alla sesta domanda ("Come giudichi le dinamiche della classe?"), considerando la valutazione delle loro opinioni e appropriandosi dei risultati per risolvere eventuali problemi relativi alla metodologia utilizzata. Così, gli studenti E e F hanno scritto le seguenti giustificazioni:

Alunno E: *"Perché è un modo di apprendere diverso da quello scolastico standard, e quindi aiuta e rende lo studente interessato e concentrato sulla materia.*

Alunno F: *"È un buon pq, così puoi spingerti e avere un senso di competitività". "*

In base alle dichiarazioni dei suddetti studenti, si osserva la veridicità dell'applicazione di metodi di insegnamento attivi, essendo possibile trasformare l'ambiente di studio in una sfera di competitività e interesse reciproco. L'uso del quiz è stata una strategia inserita per rendere la classe più dinamica e interattiva, ottenendo un risultato positivo.

In una realtà fortemente segnata dall'individualismo, promuovere questa collaborazione comporta delle sfide e gli insegnanti devono far convergere le loro competenze didattiche e pedagogiche per sfruttare tutto il potenziale delle tecnologie e dei media digitali.

Pertanto, è possibile analizzare che i risultati sono stati quasi unanimi nell'affermare che la metodologia affrontata in classe porta a benefici di associazione dei contenuti e a un migliore apprendimento della materia.

L'ottava domanda, mostrata nella Figura 24, mirava a scoprire se l'uso dei materiali utilizzati per lo studio precedente avesse contribuito all'apprendimento dei cicli biogeochimici. Gli studenti dovevano scegliere tra 1 e 5, e i risultati ottenuti variavano tra 3 e 5, e nessuno studente si è mostrato insoddisfatto dei materiali utilizzati.

Figura 24. Risposte degli studenti all'ottava domanda.

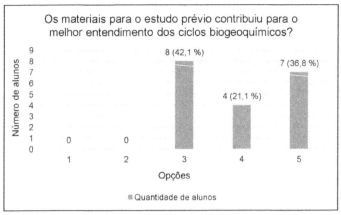

Fonte: Autore proprio.

In base alle risposte, il successo è stato ottenuto grazie ai materiali attraenti inviati agli studenti, come riassunti e video lezioni visibilmente attraenti, in modo che potessero studiare senza perdere interesse.

È evidente che le tecnologie mobili sono sempre più diffuse, gli smartphone connessi a Internet sono accessibili a chiunque. Pertanto, l'implementazione di progetti che coinvolgono queste tecnologie educative a scuola significa offrire agli studenti la possibilità di sviluppare conoscenze significative.

Nella nona domanda, mostrata nella Figura 25, gli studenti dovevano indicare l'alternativa che meglio corrispondeva alla loro esperienza di comprensione dei cicli biogeochimici, derivante dallo studio precedente con i materiali forniti. Le due alternative più votate sono state l'opzione secondo cui gli studenti hanno dichiarato di essere diventati più attivi e autonomi nell'apprendimento e l'opzione secondo cui la metodologia li ha resi più curiosi nei confronti della materia e più capaci di porre domande sui contenuti studiati, come indicato nella figura seguente.

Figura 25. Grafico relativo alla nona domanda.

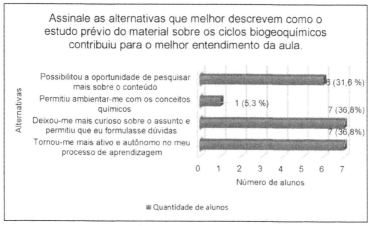

Fonte: Autore proprio.

L'ultima domanda del questionario mirava a scoprire l'esperienza degli studenti con la metodologia della flipped classroom, in modo che potessero evidenziare i punti positivi e negativi della metodologia.

Tra le diciannove risposte, dodici sono state positive sull'efficacia della metodologia, mentre nelle restanti risposte gli studenti non hanno saputo descrivere la loro esperienza. L'unico punto da discutere sarebbe la mancanza di autorizzazione delle tecnologie nell'ambiente scolastico. Sebbene molti studenti non rispettino le regole e utilizzino le tecnologie mobili per scopi negativi, con la supervisione dell'insegnante queste risorse possono aiutare nel processo di insegnamento, stimolando la curiosità degli studenti a partire da mezzi con cui hanno già familiarità, come afferma Casal (2013):

> Nell'era di YouTube, degli smartphone, dei tablet, dei social network e del cloud computing, l'esistenza di ambienti di apprendimento che non includano l'innovazione significa costringere gli studenti a uscire dall'immersione tecnologica in cui vivono, allontanandoli dal loro habitat naturale e costringendoli a tornare indietro nel tempo per imparare. D'altra parte, l'uso strategico degli strumenti tecnologici in classe potrebbe essere un catalizzatore della motivazione e dell'autonomia nell'apprendimento, vista la curiosità che generano intorno a sé e il loro innegabile potenziale (CASAL, 2013, p.6616).

Questi dati ci permettono di capire che la flipped classroom ha favorito l'apprendimento significativo dei cicli biogeochimici. I diversi contesti pratici hanno permesso la materializzazione dei contenuti, concordando con il concetto di Camargo e Daros (2018), che affermano che i metodi di apprendimento attivo si distinguono come un'alternativa distinta, riuscendo a rompere i metodi tradizionali e a introdurre le tecnologie digitali di informazione e comunicazione in classe.

Lima (2012) afferma che l'insegnamento della chimica è giustificato e legittimo quando avviene in modo problematizzante, sfidando e stimolando gli studenti a costruire la loro conoscenza. Gli insegnamenti relativi alla chimica devono essere spiegati agli studenti in modo da consentire loro di relazionarsi con queste conoscenze in modo attivo e integrativo.

Così, l'insegnamento tradizionale della chimica dovrebbe lasciare il posto a un insegnamento della chimica che cerca l'acquisizione della conoscenza attraverso la sua realtà, in modo che lo studente sia in grado di effettuare una riflessione critica del mondo, oltre a diventare un cittadino più consapevole.

CAPITOLO 8

8. OSSERVAZIONI CONCLUSIVE

Un approccio attivo all'insegnamento e all'apprendimento è quello in cui gli studenti sono protagonisti e hanno la maggiore responsabilità del loro processo di acquisizione delle conoscenze. In questo modo, viene incoraggiato l'apprendimento autonomo e partecipativo e gli studenti vengono coinvolti in azioni pratiche e in una maggiore interazione in classe.

Con l'obiettivo di lavorare sui contenuti dei cicli biogeochimici con gli studenti delle scuole superiori, incoraggiandoli nella ricerca autentica della conoscenza attraverso l'applicazione della flipped classroom, sono stati ottenuti risultati soddisfacenti che hanno permesso lo sviluppo di una didattica dinamica. La metodologia attiva della classe capovolta ha stimolato gli studenti sui contenuti dei cicli biogeochimici, incoraggiandoli a essere più attivi nella costruzione della propria conoscenza.

Sulla base dell'indagine condotta con gli studenti attraverso *Google Forms,* in cui hanno raccontato le esperienze ottenute nelle attività legate all'utilizzo della metodologia flipped classroom, si conferma che i risultati presentati sono stati ampiamente soddisfacenti, con giustificazioni di chiarezza nella comprensione dell'argomento, oltre che di curiosità di saperne di più e di saper formulare le domande in modo che ci sia più dinamica in classe.

Inoltre, la procedura delle attività ha contribuito alla comprensione dei concetti generali del tema, oltre che allo sviluppo di alcune competenze e abilità del BNCC. È importante notare che l'uso della flipped classroom varia a seconda delle esigenze e delle circostanze di ciascun contesto e della strategia del metodo da utilizzare, e gli insegnanti possono usarla insieme ad altri tipi di metodologie attive.

L'uso del gioco a quiz *online Kahoot* ha ottenuto risultati positivi anche sulla rete interattiva tra studente e contenuto; studente e studente; studente e insegnante. Oltre ad essere ampiamente accettato nell'ambiente scolastico, per la promozione di momenti didattici ludici che racchiudono interazione e competitività, creando un'atmosfera amichevole in classe.

Così, l'ipotesi del lavoro secondo cui lo studente è il protagonista e il maggior responsabile del suo processo di acquisizione della conoscenza è stata confermata durante la ricerca attraverso i processi della flipped classroom e le risorse tecnologiche utilizzate.

Così, il fatto di cercare di invertire un approccio attivo in classe per aiutare l'apprendimento dei contenuti della chimica nella scuola superiore presenta un potenziale per innescare la ricompensa di un nuovo orientamento autonomo per gli studenti nell'insegnamento dei cicli biogeochimici, con diverse discipline, manipolazione nell'insegnamento, pratica di metodi attivi e classi invertite.

Inoltre, lo studio dei cicli biogeochimici nella componente curriculare della chimica copre argomenti (oggetti di conoscenza) legati alla deforestazione, alla combustione e all'inquinamento atmosferico, questioni che sono interconnesse sia con la biologia che con la fisica e che possono essere esplorate in progetti interdisciplinari, affrontando proposte che stimolano ulteriormente la partecipazione degli studenti e anche della comunità scolastica.

Pertanto, la raccolta dei dati ha permesso di riconoscere i punti positivi e negativi presentati attraverso le risposte degli studenti, oltre a valutare l'approccio delle metodologie attive dalla prospettiva di una scuola superiore di Rio Branco.

Le ricerche future potrebbero riguardare le metodologie più dinamiche utilizzate, nonché esplorare l'ampia gamma di strumenti digitali disponibili e facilmente accessibili.

RIFERIMENTI

ACRE, Secretaria de Estado de Educação, Cultura e Esporte. **Curriculum di riferimento unico dell'Acre**. Rio Branco, 2019. Disponibile all'indirizzo: <http://basenacionalcomum.mec.gov.br/images/implementacao/curriculos_esta dos/a c_curriculo_acre.pdf> Accesso: 29/09/2022.

AUSUBEL, D. P. **Psicologia dell'educazione**. 2ª ed. Rio de Janeiro: Interamericana, 1980.

BACICH, L; MORAN, J. **Metodologias ativas para uma educação inovadora**. Editora Penso, Porto Alegre, 2018.

BARBOSA, F, D; MOURA, D, G. **Metodologias ativas de aprendizagem na Educação Profissional e Tecnológica**, Boletim Técnico do Senac, Rio de Janeiro, v. 39, n 2, p. 48- 67. maggio/agosto 2013.

BRASILE, **Base Curricolare Nazionale Comune**, 2018a. Disponibile all'indirizzo: <BNCC_EI_EF_110518_versaofinal_site.pdf (mec.gov.br)> Accesso: 29/09/2022

. Risoluzione n. 3 del 21 novembre 2018. Aggiorna le **Linee guida curricolari nazionali per l'istruzione secondaria**. Brasília: MEC/SEB. 2018b. Disponibile all'indirizzo: <http://portal.mec.gov.br/docman/novembro-2018-pdf/102481 - rceb003-18/file> Acceduto il: 28/09/2022.

Costituzione **della Repubblica Federativa del Brasile:** testo costituzionale promulgato il 5 ottobre 1988, modificato dagli emendamenti costituzionali di revisione dal n. 1 al n. 6/94, dagli emendamenti costituzionali dal n. 1/92 al n. 91/2016 e dal decreto legislativo n. 186/2008. - Brasília: Senato federale, Coordinamento delle edizioni tecniche, 2016.

. Instituto Nacional de Estudos e Pesquisas Educacionais Anísio Teixeira. **Plano Nacional de Educação PNE 2014-2024:** Linha de Base. - Brasília, DF: Inep, 2015. Disponibile a: <https://download.inep.gov.br/publicacoes/institucionais/plano_nacional_de_ed ucaca il/plano_nacional_de_educacaoo_pne_2014_2024_linha_de_base.pdf> Acceduto il: 28/09/2022

. Ministero dell'Istruzione. Segreteria dell'istruzione media e tecnologica. **Parametri del Curriculum Nazionale: istruzione secondaria**. Brasília: MEC/SEMTEC, 1999.

BRUNING, Valíria; ZORZI de SÁ, Marilde Beatriz. **Uma Abordagem sobre Ácidos e Bases no Cotidiano: Trabalhando** com Atividades Experimentais Investigativas na Educação Básica. Paraná, v.1. 2013. Disponibile all'indirizzo at:<www.diaadiaeducacao.pr.gov.br> 29/09/2022.

CAMARGO, F; DAROS, T. **La classe innovativa:** strategie pedagogiche per favorire l'apprendimento attivo. Porto Alegre: Penso, 2018.

CANZIAN, R; MAXIMIANO, F, A. In: XV Encontro Nacional de Ensino de Química (X V ENEQ), 21-24 luglio 2010; Brasília, DF, Brasile, **Alterações nos sistemas e m equilíbrio químico: análise das principais ilustrações presentes em livros did áticos**. São Paulo: Dipartimento di Chimica Fondamentale, Istituto di Chimica; 2010. Disponibile all'indirizzo: < https://edisciplinas.usp.br/pluginfile.php/3532383/mod_resource/content/1/Canz ianM aximiano_ENEQ2010.pdf>. Accesso: 29/09/2022.

CASAL, João. **Constructivismo technológico para promoção de motivação e autonomia na aprendizagem**. Atti del XII Congresso Internazionale Galego-Português de Psicopedagogia, 2013. Disponibile a:< https://hdl.handle.net/1822/26765>Accessed: 29/09/2022.

CERQUEIRA, A.G.C. **A trajetória da LDB**: um olhar crítico frente à realidade brasileira. Ilheus, 2009.

CORRÊA, Adriana; MORGADO, José Carlos. **La costruzione della Base Curricolare Nazionale Comune in Brasile**: tensioni e sfide. Colóquio Luso-Brasileiro de Educação-COLBEDUCA, v. 3, 2018. Disponibile a: <http://www.revistas.udesc.br/index.php/colbeduca/article/view/12979> Consultato il: 28/09/2022.

DEL PINO, J. C.; FRISON, M. D. Química: um conhecimento científico para a formação do cidadão. **Revista de Educação, Ciências e Matemática**. v.1 n.1. agosto/dicembre 2011. Disponibile a: <http://publicacoes.unigranrio.edu.br/index.php/recm/article/view/1585/769>. Accesso: 16/07/2022.

DUMONT, L.M.M.; CARVALHO, R.S.; NEVES, A.J.M. L'istruzione tra pari come proposta di metodologia attiva nell'insegnamento della chimica. **Revista de Engenharia Química - REQ**, Viçosa, v. 02 n. 03 p. 107-131, 2016.

FREIRE, Paulo. **Pedagogia da autonomia**: saberes necessários à prática educativa. São Paulo, Paz e Terra, 2011.

Paulo. **À Sombra desta Mangueira**, 5ª edizione. São Paulo: Olho d'Água, 2003.

Paulo. Educazione "bancaria" e educazione liberatoria. **Introduzione alla psicologia scolastica**, v. 3, p. 61-78, 1997.

GERHARDT, T, E; SILVEIRA, D, T. **METODOS DE PESQUISA**. Rio Grande do Sul: Editora UFRGS, 2009.

GONÇALVES, M.O; SILVA, V. Sala de aula compartilhada na licenciatura em matemática: relato de prática. In: BACICH, L; MORAN, J. (org.). **Metodologie attive per una didattica innovativa**: un approccio teorico e pratico. Porto Alegre: Penso, 2018. p. 59-76.

GRÜNFELD DE LUCA, A. O Ensino de Química e algumas considerações.

Revista Linhas, Florianópolis, v. 2, n. 1, 2007. Disponibile a: https://www. revistas.udesc. br/index. php/lines/article/view/1292. Accesso a: 29/09/2022.

GUERRA, R. **Basi dell'educazione ambientale**. João Pessoa: Ed. Universitária, 201.

KRÜGER, Letícia Meurer et al. **Metodo tradizionale e metodo di insegnamento costruttivista nel processo di apprendimento:** un'indagine con gli accademici della disciplina Contabilità III del corso di Scienze contabili dell'Università Federale di Santa Catarina. 2013. Disponibile all'indirizzo: < https://repositorio.ufsc.br/handle/123456789/107294>Acesso em: 27/09/2022.

LEÃO, D. M. M. **Paradigmi contemporanei di educazione:** scuola tradizionale e scuola costruttiva. Cadernos de Pesquisa, São Paulo, n. 107, p. 187-206, 1999.

LIBÂNEO, J. C. "Tendências pedagógicas na prática escolar". In: Revista da Ande, n. 06, 1982.

LIMA, José Ossian Gadelha. Prospettive di nuove metodologie nell'insegnamento della chimica. **Revista espaço acadêmico**, v. 12, n. 136, p. 95-101, 2012. Disponibile all'indirizzo: <https://periodicos.uem.br/ojs/index.php/espacoacademico/article/view/15092> Accesso il: 29/09/2022.

LORENZONI, M- **Cos'è la flipped classroom-** 2016- Disponibile all'indirizzo: <http://www.arede.inf.br/o-que-e-sala-de-aula-invertida/>. Accesso: 06. jul. 2019.

MAZUR, Eric. Istruzione tra pari. **L'istruzione tra pari:** la rivoluzione dell'apprendimento attivo. Porto Alegre. Penso, 2015.

MEDEIROS, S.B. **Química Ambiental**. 3 ed. Rivisto e ampliato. Recife, 2005.

MORAN, J. Metodologie attive per un apprendimento più profondo. In: BACICH , L; MORAN, J. **Metodologias ativas para** uma **Educação Inovadora:** Uma Aborda gemma Teórico-Prática, Porto Alegre, Penso, 2018.

MORENO, J.C. História na Base Nacional Comum Curricular: déjà vu e novos dilemas no século XXI. **História &Ensino**, Londrina, v. 22, n. 1, p. 07-27, 2016.

MOTA, A.; WERNER DA ROSA, C. Saggio sulle metodologie attive: riflessioni e proposte. **Revista Espaço Pedagógico**, v. 25, n. 2, p. 261-276, 28 maggio 2018.

NAGUMO, Estevon; TELES, Lúcio França; DE ALMEIDA SILVA, Lucélia. A utilização de vídeos do Youtube como suporte ao processo de aprendizagem (Utilizzo di video di Youtube a supporto del processo di apprendimento).

Revista Eletrônica de Educação, v. 14, p. 3757008, 2020.

NASCIMENTO, Tuliana Euzébio; COUTINHO, Cadidja. **Metodologie attive di apprendimento e insegnamento delle scienze**. 2016. Disponibile all'indirizzo: < http://urisantiago.br/multicienciaonline/adm/upload/v2/n3/7a8f7a1e21d0610001 959f0863ce52d2.pdf> Acesso em: 29/09/2022.

REECE, Jane B. et al. **Campbell's Biology** - 10. ed. - Porto Alegre: Artmed, 2015.

ROCHA, H. M.; LEMOS, W. D. **Metodologias ativas:** do que estamos falando? Basi concettuali e resoconto della ricerca in corso. In: Simpósio pedagógico e pesquisas em comunicação, 9. Resende, 2014. Annali...Resende: Dom Boston Educational Association, 12, 2014. Disponibile all'indirizzo: <https://www.aedb.br/wp-content/uploads/2015/05/41321569.pdf>. Accesso il:10/07/2022.

ROCHA, J, S; VASCONCELOS, T, C. **Dificuldades de aprendizagem no ensino d e química: algumas reflexões.** In: Annals, XVIII Encontro Nacional de Ensino de Quí mica (XVIII ENEQ), 25-28 luglio 2016; Florianópolis, SC, Brazil: Dept of Chí mica da Universidade Federal de Santa Catarina (QMC/UFSC); 2016. Disponibile a : <http://www.eneq2016.ufsc.br/anais/resumos/R0145-2.pdf>. Accesso: 22/09/2022.

SANTOS, Carlos Alberto Moreira dos. L'uso di metodologie di apprendimento attivo da una prospettiva interdisciplinare. In: **Congresso Nazionale dell'Educazione- EDUCERE**. 2015. p. 27203-27212. Disponibile all'indirizzo: < http://www.aprendizagemconectada.mt.gov.br/documents/14069491/14102218/ Semana+9.+L'USO+di+METODOLOGIE+Attive+di+Apprendimento+A+PARTIC IPAZIONE+Una+PERSPETTIVA+INTERDISCIPLINARE/da9abad3-b04b-1be5-3fb8- 9170c76c23e3> Consultato il: 22/09/2022.

SAVIANI, Demerval. Pedagogia: lo spazio dell'educazione all'università. **Cadernos de Pesquisa**, v. 37, n. 130, p. 99-134, 2007.

SCHMITZ, Elieser Xisto da Silva. **Flipped classroom:** un approccio per combinare metodologie attive e coinvolgere gli studenti nel processo di insegnamento-apprendimento. 2016. 185 f. Dissertazione (Postgraduate Program in Networked Educational Technologies) - Università di Santa Maria, Santa maria RS, 2016. Disponibile all'indirizzo: <https://repositorio.ufsm.br/handle/1/12043> Accesso: 22/09/2022.

SCHNEIDERS, L. A. (2018). **Il metodo della** flipped **classroom**. Lajeado: Univates, 2018.

SOUZA, L.S. História **e Educação: A Pedagogia Nova e os Primórdios da Educa ção em Marília- SP.** História & Ensino, Londrina, v. 22, n. 1, p. 71

90, gennaio/giugno 2016. Disponibile all'indirizzo: <http://www.uel.br/revistas/uel/index.php/histensino/article/view/26560/19230>. Accesso: 24/09/2022.

SOUZA, C; MORALES, O. Mudando a educação com metodologias ativas. **Coleção Mídias Contemporâneas,** Vol. 11, UEPG, 2015.

TOWNSEND, C.R.; BEGON, M.; HARPER, J.L. **Fundamentos em ecologia** - 3. ed. Porto Alegre: Artmed, 2010.

VALENTE, J.A. A sala de aula invertida e a possibilidade do ensino personalizado: uma experiência com a graduação em midialogia. In: BACICH, L; MORAN, J. (org.).

Metodologie attive per l'educazione innovativa: un approccio teorico-pratico. Porto Alegre: Penso, 2018.

VALENTE, J.A. Comunicação e a Educação baseada no uso das tecnologias digitais de informação e comunicação. **Revista UNIFESO - Humanas e Sociais**, vol. 1, n. 1, 2014, pagg. 141 - 166.

VIEIRA, Evaldo. La politica e le basi del diritto all'istruzione. **Cadernos Cedes**, v. 21, p. 9-29, 2001. Disponibile all'indirizzo: <https://doi.org/10.1590/S0101-32622001000300002>Accesso il: 28/09/2022.

Vygotsky, L. S. **A Formação Social da Mente:** o Desenvolvimento dos Processos Psicológicos Superiores. Editora Martins Fontes, San Paolo, 1998.

WARTHA, E, J; REZENDE, D, B. **I livelli di rappresentazione nell'insegnamento della chimica e le categorie della semiotica di Peirce**. Investigations in Science Teaching, V16(2), pp. 275-290, 2011.

APPENDICE 1 - SEQUENZA DIDATTICA

SECRETARIA DE ESTADO DE
EDUCAÇÃO, CULTURA E ESPORTES
DIRETORIA DE ENSINO – DEPARTAMENTO DE EDUCAÇÃO BÁSICA

SEQUÊNCIA DIDÁTICA – FGB

ESCOLA ESTADUAL PPROFESSORA HELOISA MOURÃO MARQUES			
PROFESSOR(A):	COMPONENTE CURRICULAR: QUÍMICA	SÉRIE: 2º	TURMAS: MANHÃ E TARDE
COORDENADOR(A):	CARGA HORÁRIA PREVISTA: 8 h	PERÍODO DE EXECUÇÃO: De 02/05/2022 a 28/05/2022.	

DELIMITAÇÃO TEMÁTICA

COMPETÊNCIA ESPECÍFICA [1]

Analisar fenômenos naturais e processos tecnológicos, com base nas interações e relações entre matéria e energia, para propor ações individuais e coletivas que aperfeiçoem processos produtivos, minimizem impactos socioambientais e melhorem as condições de vida em âmbito local, regional e global.

HABILIDADE:

(EM13CNT105) Analisar os ciclos biogeoquímicos e interpretar os efeitos de fenômenos naturais e da interferência humana sobre esses ciclos, para promover ações individuais e/ou coletivas que minimizem consequências nocivas à vida.

(EM13CNT101) Analisar e representar, com ou sem o uso de dispositivos e de aplicativos digitais específicos, as transformações e conservações em sistemas que envolvam quantidade de matéria, de energia e de movimento para realizar previsões sobre seus comportamentos em situações cotidianas e em processos produtivos que priorizem o desenvolvimento sustentável, o uso consciente dos recursos naturais e a preservação da vida em todas as suas formas.

OBJETOS DE CONHECIMENTO

- Princípios da evolução e diversidade humana:
  - ✓ Evolução, distribuição e utilização dos elementos químicos pela sociedade.
  - ✓ Registro fóssil e datação.
- Ciclos biogeoquímicos:
  - ✓ Efeitos no equilíbrio climático e biogeoquímico: Extração de minerais e produção de energia.
  - ✓ Poluição: Formação da chuva ácida.
  - ✓ Ciclagem e reciclagem dos elementos (C, O, S e N).
  - ✓ Ciclo da água.
  - ✓ Fatores que influenciam no equilíbrio químico.

- Sistemas térmicos e variáveis termodinâmicas:

  - ✓ Matriz energética.
  - ✓ Termoquímica.

SITUAZIONI DI APPRENDIMENTO

1° MOMENTO: Evoluzione, distribuzione e uso degli elementi chimici da parte della società (60 min)

Questa lezione inizierà con un ripasso dei concetti studiati nella lezione precedente, quindi si parlerà delle proprietà della materia. L'insegnante inizierà la lezione parlando del concetto di struttura dell'atomo e dell'elemento chimico attraverso una presentazione di diapositive. Poi trasmetterà

2° MOMENTO: Gruppi speciali nella tavola periodica (60 min.)

Dopo le discussioni sulla storia e sull'uso della tavola periodica, l'insegnante parlerà dell'organizzazione della tavola periodica, evidenziandone i gruppi, il periodo e alcune importanti famiglie, e parlerà anche della distribuzione elettronica all'interno della tavola periodica. Per concludere la lezione, l'insegnante chiederà agli studenti di riunirsi in gruppi per fare una presentazione sulle caratteristiche principali, l'organizzazione e l'applicazione di alcuni gruppi della tavola periodica.

- Gruppo 1: Metalli alcalini
- Gruppo 2: metalli alcalino-terrosi
- Gruppo 3: Gas nobili
- Gruppo 4: Alogeni
- Gruppo 5: Metalli di transizione
- Gruppo 6: Metalli di transizione interni
- Gruppo 7: non metalli

Nota: il docente può indicare l'uso del libro di testo del primo anno° per aiutare gli studenti a ricercare e organizzare le idee; la presentazione sarà fatta nella classe successiva.

3° MOMENTO: Presentazioni di gruppo e attività conclusiva (60 min)

In questa classe verranno presentati i gruppi della tavola periodica e gli studenti svolgeranno un'attività di fissazione, allegando la mappa 01 degli elementi chimici. Poi si studieranno le proprietà della tavola periodica come il potenziale di ionizzazione e il raggio atomico. Si svolgerà poi l'attività di cui all'allegato 02.

MOMENTO 4: L'evidenza molecolare e la documentazione fossile (60 min.)

In questa classe verrà effettuato lo studio delle evidenze molecolari attraverso il testo dell'allegato 02, durante la lezione verrà; teita una lettura condivisa e commenti sui punti principali del testo poi verrà chiesto agli; studenti di realizzare una mappa mentale sul testo e l'attività di fissazione dell'allegato 02.

5° MOMENTO: Cicli biogeochimici (120 min)

Si inizierà con i contenuti relativi ai cicli biogeochimici Per questo, gli studenti dovranno presentare una; luvida riferita agli argomenti precedentemente studiati attraverso i materiali forniti. Verrà poi fatta una breve ricapitolazione sugli argomenti studiati:
- Ciclo biogeochimico dell'acqua, del carbonio e dell'azoto;
- Squilibrio nel ciclo del carbonio (fattori e conseguenze);
- Ciclo geologico del carbonio e piogge acide;

Dopo le domande, gli studenti dovranno accedere al link fornito da WhatsApp in cui verrà applicato un quiz, attraverso la piattaforma Kahoot. Per questo, la classe sarà divisa in 5 gruppi che risponderanno insieme alle domande della gimkana. La squadra che otterrà il maggior numero di punti sarà la vincitrice.

Durante la dinamica del gioco, è importante che gli studenti discutano tra loro le possibili

risposte e segnino l'alternativa corretta nel minor tempo possibile.
-Al termine della lezione, gli studenti torneranno in classe per rispondere a una breve attività fissa (allegato 6) sui contenuti studiati nella lezione.

Per analizzare la percezione degli studenti della metodologia della flipped classroom verrà applicato un questionario sulla piattaforma Google questionnaire con un totale di 10 domande relative all'applicazione della flipped classroom.

6^ MOMENTO: Matrice energetica (60 min)

In questa classe verrà consegnato agli studenti il testo dell'allegato 04 che si riferisce allo studio della matrice energetica brasiliana e globale, prima verrà fatta una lettura condivisa commentando i punti principali del testo e l'analisi delle tabelle, dopo la lettura e le discussioni gli studenti svolgeranno l'attività di fissazione, anch'essa dell'allegato 04.

7° MOMENTO: La termochimica (60 min)

Il corso affronta i contenuti della termochimica attraverso una diapositiva sui concetti di termochimica, sulla differenziazione di calore e temperatura, sui tipi di reazioni termochimiche e sulla variazione di entalpia. Alla fine della lezione gli studenti porteranno a casa un'attività di fissazione.

STRUMENTI DI VALUTAZIONE	RISORSE
Gli studenti saranno valutati attraverso la partecipazione e l'impegno nelle attività. A tal fine, durante le lezioni verranno utilizzate attività che prevedono la partecipazione, attività di gruppo, analisi di fatti o immagini.	- Pennello, lavagna, immagini, diapositive

FEEDBACK DAL COORDINAMENTO PEDAGOGICO	
Firma del Coordinatore	Firma dell'insegnante

Rio Branco - AC, del 2022.

APPENDICE 2 - DIAPOSITIVA SUI CICLI BIOGEOCHIMICI

Ciclos biogeoquímicos

Disciplina de química
1 ano do ensino médio

O que são os ciclos biogeoquímicos?

> São processos que ocorrem na natureza para garantir a reciclagem de elementos químicos no meio. São esses ciclos que possibilitam que os elementos interajam com o meio ambiente e com os seres vivos, ou seja, garantem que o elemento flua pela atmosfera, hidrosfera, litosfera e biosfera.

Ciclo da água

> Em seu ciclo ela passa da fase líquida, presente em rios e mares, para o estado de vapor por meio da evaporação.
> Em camadas mais altas da atmosfera, o vapor da água condensa-se e volta à superfície na forma líquida, num processo denominado precipitação.
> Quando o resfriamento do vapor de água ocorre excessivamente, após a condensação, ele solidifica-se e volta à terra na forma de neve ou granizo.
> Quando a água cai sobre o ambiente terrestre, ela **infiltra** no solo, indo parar nos lençois freáticos.
> Os seres vivos ingerem ou absorvem a água do ambiente e utilizam-na em diversas reações que ocorrem em seus organismos. A água pode ser devolvida ao ambiente por meio dos seres vivos em processos de respiração, transpiração e excreção.

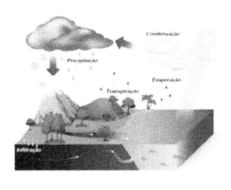

Ciclo do carbono

- Pela fotossíntese, os organismos atróficos assimilam os compostos carbonatos, transforma-os em matéria orgânica e transferem-na aos organismos heterotróficos por meio da cadeia alimentar.
- Organismos que realizam a quimiossíntese também utilizam o carbono para a produção de compostos orgânicos.
- O carbono retorna ao ambiente, na forma de dióxido de carbono (CO_2), pelos seres vivos em processos de respiração e decomposição.
- O homem contribui com o aumento do CO_2 na natureza por meio de ações como desmatamento, queimadas e uso de combustíveis fósseis.

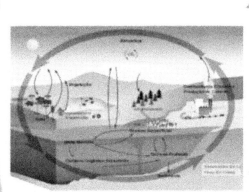

Desequilíbrio no ciclo do carbono

- Quando compostos orgânicos são queimados, eles normalmente liberam gás carbônico.
- Esse é o caso da queima de combustíveis fósseis, como o carvão e o petróleo.
- É a queima excessiva desses combustíveis o que está ocasionando os desequilíbrios na temperatura do planeta.
- O gás carbônico é um dos gases de efeito estufa, um fenômeno natural e fundamental para a manutenção da vida no planeta.
- Quando há CO_2 em excesso, o efeito estufa é intensificado e a temperatura do planeta se eleva, o que chamamos de aquecimento global.

Desequilíbrio no ciclo do carbono

- A liberação de gás carbônico acontece por meio da:
  - Respiração celular;
  - Decomposição de organismos vivos;
  - Combustão.
- A absorção desse gás é feita pelas plantas e algas no processo da fotossíntese. Isso significa que as plantas têm um papel muito importante no equilíbrio da quantidade de carbono.
- Nas últimas décadas, além do crescimento da emissão de carbono na atmosfera, tem se elevado em taxas alarmantes o desmatamento das florestas no mundo todo.
- Assim, além de uma quantidade excessiva de carbono, tem-se menos organismos fotossintetizantes e, portanto, menor capacidade para absorver esse elemento.

Desequilíbrio no ciclo do carbono

- O gás carbônico, junto com outros gases do efeito estufa, como o gás metano e o óxido nitroso, causam a elevação da temperatura média do planeta, que pode ter como consequências:
  - Derretimento das calotas polares;
  - Desaparecimento de cidades litorâneas;
  - Menor quantidade de água no planeta;
  - Desequilíbrios nos ecossistemas;
  - Menos oferta de recursos naturais.
- Diante desse cenário, é fundamental que os países busquem fontes limpas de energia, como por exemplo, a energia solar, eólica e hidrelétrica e renováveis.

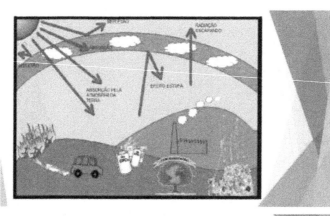

Ciclo geológico do carbono e a chuva ácida

- Pela difusão ocorre a troca de CO_2 entre a hidrosfera e a atmosfera até que se obtenha um equilíbrio entre os dois meios.
- O CO_2 presente na atmosfera pode dissolver-se na chuva e produzir uma substância ácida, o H_2CO_3, que atuará na erosão de rochas silicatadas, liberando, no meio, íons Ca^{2+} e HCO_3^-.
- Esses íons são utilizados, nos oceanos, por organismos para a construção de suas conchas, que, após a sua morte, acumulam-se no sedimento.
- Esse material pode migrar para regiões de alta pressão e temperaturas, onde os carbonatos serão parcialmente fundidos. A ação de **vulcões** liberará o CO_2 novamente para a atmosfera. Saiba mais sobre esse ciclo acessando

A chuva ácida

- A chuva ácida é a precipitação com a presença de ácido sulfúrico, ácido nítrico e nitroso, resultantes de reações químicas que ocorrem na atmosfera.
- Todas as chuvas são ácidas, mesmo em ambientes sem poluição. Porém, as chuvas tornam-se um problema ambiental quando o seu pH é abaixo de 4,5.
- Elas resultam da quantidade exagerada de produtos da queima de combustíveis fósseis liberados na atmosfera, em consequência das atividades humanas.
- Os óxidos de enxofre (SO_2 e SO_3) e de nitrogênio (N_2O, NO e NO_2) são os principais componentes da chuva ácida. Esses compostos são liberados na atmosfera através da queima de combustíveis fósseis.

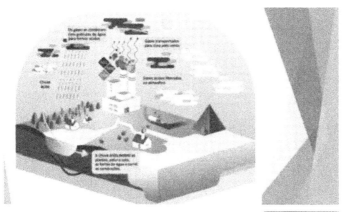

Ciclo do oxigênio

> principal forma de produção de oxigênio é pelo processo de fotossíntese, realizado pelos organismos autotróficos fotossintetizantes, como plantas e algas.

> Esses organismos assimilam o dióxido de carbono (CO_2) para a produção de matéria orgânica e liberam no ambiente, como um dos produtos finais do processo, o gás oxigênio (O_2).

> O oxigênio liberado na atmosfera será utilizado por alguns organismos no processo de respiração celular. Um dos produtos finais da respiração celular é o dióxido de carbono, que será liberado no ambiente.

> Assim, os ciclos do oxigênio e do carbono estão interligados, e além disso, o oxigênio produzido também participará da formação da camada de ozônio.

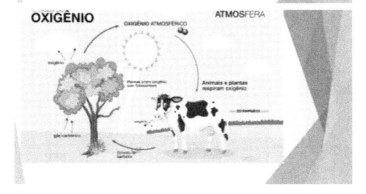

Ciclo do nitrogênio

- O nitrogênio está presente nas moléculas de aminoácidos, constituintes das proteínas, sendo, constitui cerca de 78% da atmosfera. O ciclo do nitrogênio pode ser dividido em três etapas:

- **Fixação:** corresponde a retirada de nitrogênio da atmosfera (N_2) e à sua transformação em amônia (NH_3), a qual poderá ser assimilada pelos seres vivos.

- **Nitrificação:** a amônia produzida anteriormente, bem como a liberada pelos processos de excreção de animais e decomposição, é convertida, no solo, em nitritos (NO^-_2) e nitratos (NO^-_3), substâncias mais facilmente absorvidas e assimiladas pelas plantas.

- **Desnitrificação:** as bactérias, denominadas desnitrificantes, retiram o nitrogênio de compostos nitrogenados, como nitrito e nitrato, e devolvem-no a atmosfera na forma gasosa.

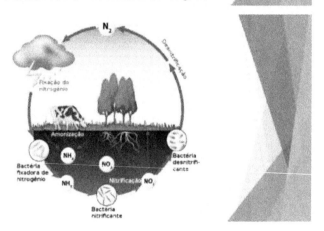

APPENDICE 3 - ATTIVITÀ SUI CICLI BIOGEOCHIMICI

Attività Cicli biogeochimici 2° anno Classe_____
Nome: _____ Data :__/__/2022

1. I cicli biogeochimici rappresentano il movimento di uno o più elementi in natura e sono strettamente legati ai processi geologici, idrologici e biologici. Tra i seguenti cicli, verificare quello che prevede la partecipazione di batteri del genere *Rhizobium* e legumi.
   a) Ciclo del carbonio.
   b) Ciclo dell'azoto.
   c) Ciclo dello zolfo.
   d) Ciclo del fosforo.
   e) Ciclo del cloro.

2. I cicli biogeochimici, detti anche cicli della materia, garantiscono la circolazione degli elementi in natura. Selezionare l'affermazione che meglio spiega il ruolo dei decompositori in questi cicli.
   a) I decompositori assicurano il fissaggio degli elementi chimici nel terreno.
   b) Degradando i resti degli esseri viventi, i decompositori garantiscono lo spazio per l'aggiunta di nuovi nutrienti all'ambiente.
   c) Decomponendo i resti degli organismi, i decompositori permettono di riutilizzare le sostanze presenti in questi organismi.
   d) I decompositori consentono il flusso di energia in diverse direzioni.

3. Il ciclo del carbonio è un importante ciclo biogeochimico, soprattutto perché tutte le molecole organiche hanno un atomo di questo elemento nella loro composizione. Scegliete l'alternativa che indica il principale bacino di carbonio del pianeta.
   a) Fiumi e mari.
   b) Esseri viventi.
   c) Verdure.
   d) Suolo.
   e) Atmosfera.

4. (Enem-2009) Il ciclo biogeochimico del carbonio comprende diversi comparti, tra cui la Terra, l'atmosfera e gli oceani, e diversi processi che consentono il trasferimento di composti tra questi serbatoi. Le scorte di carbonio immagazzinate sotto forma di risorse non rinnovabili, ad esempio il petrolio, sono limitate ed è di grande importanza rendersi conto dell'importanza di sostituire i combustibili fossili con combustibili provenienti da fonti rinnovabili.

   L'uso dei combustibili fossili interferisce con il ciclo del carbonio perché causa
   a) aumento della percentuale di carbonio contenuta nella Terra.
   b) riduzione del tasso di fotosintesi delle piante superiori.
   c) aumento della produzione di carboidrati di origine vegetale.
   d) aumento della quantità di carbonio nell'atmosfera.
   e) riducendo la quantità complessiva di carbonio immagazzinata negli oceani.

5. Quale dei fattori citati di seguito non è considerato essenziale per il verificarsi di un ciclo biogeochimico?
   a) Esistenza di esseri viventi.
   b) Movimento di un elemento chimico attraverso l'ambiente e gli esseri viventi in un ecosistema.
   c) Serbatoio dell'elemento chimico.
   d) Partecipazione dell'essere umano.
   e) Partecipazione di organismi viventi.

6. Il ciclo dell'acqua è un importante ciclo biogeochimico, che è guidato dall'energia
   a) solare.
   b) elettrico.
   c) chimica.
   d) energia eolica.
   e) nucleare.

7. Qual è il ruolo della fotosintesi nel ciclo del carbonio?
   a) La fotosintesi è responsabile del rilascio di anidride carbonica nell'atmosfera.
   b) La fotosintesi assicura che l'anidride carbonica venga fissata direttamente nel terreno.
   c) La fotosintesi favorisce la traspirazione della pianta.
   d) La fotosintesi favorisce la rimozione dell'anidride carbonica dall'atmosfera.
   e) La fotosintesi raddoppia la produzione di anidride carbonica.

8. Per quanto riguarda il ciclo dell'acqua, segnate l'alternativa errata.
   a) L'acqua di fiumi, mari e laghi evapora grazie all'azione dell'energia solare.
   b) La precipitazione è un processo noto come pioggia.
   c) Dopo la pioggia, l'acqua può infiltrarsi nel terreno.
   d) Quando raggiunge le alte quote, il vapore acqueo si condensa e forma le nuvole.
   e) Le piante, a differenza degli animali, possono solo assorbire l'acqua e non sono in grado di eliminarla nell'atmosfera.

9. (UPF) Carboidrati, lipidi, proteine e acidi nucleici hanno nella loro composizione il carbonio, che viene costantemente prelevato dalla natura e, attraverso la CO_2, restituito all'atmosfera, formando così il ciclo di questo elemento. Selezionare l'alternativa che contempla le forme con cui la CO_2 ritorna nell'atmosfera.
   a) Respirazione, fotosintesi e combustione.
   b) Traspirazione, fotosintesi e respirazione.
   c) Decomposizione, respirazione ed evaporazione.
   d) Fotosintesi, combustione ed evaporazione.
   e) Decomposizione, respirazione e combustione.

10. (UNCISAL) I cicli naturali del carbonio, dell'ossigeno e dell'azoto sono essenziali per il mantenimento della vita sul pianeta; questi processi consistono in una

circolazione ininterrotta di questi atomi tra la biosfera e l'ambiente abiotico. Questi elementi si trovano naturalmente nell'atmosfera e vengono assimilati in vari modi da piante e animali. Il carbonio e l'azoto vengono assimilati dalle piante attraverso:
a) Anidride carbonica e azoto nell'atmosfera.
b) L'assorbimento dei composti organici presenti negli alimenti.
c) Dall'assorbimento dell'acqua utilizzata nelle reazioni chimiche della fotosintesi.
d) Dalla fotosintesi e dai nitrati assorbiti da questi organismi.
e) Dalla fotosintesi e dall'incorporazione di atomi di azoto da sostanze organiche.

11. Segnate il vero o il falso per le seguenti affermazioni sui cicli biogeochimici.
( ) Sono processi che avvengono in natura per garantire il riciclo degli elementi chimici nell'ambiente.
( ) Sono questi cicli che permettono agli elementi di interagire con l'ambiente e con gli esseri viventi, cioè garantiscono che l'elemento fluisca attraverso l'atmosfera, l'idrosfera, la litosfera e la biosfera.

12. Circa la linea di galleggiamento, vero o falso:
( ) Nel suo ciclo passa dalla fase solida, presente nei fiumi e nei mari, allo stato di vapore attraverso l'evaporazione.
( ) Negli strati più alti dell'atmosfera, il vapore acqueo si condensa e ritorna in superficie in forma liquida, in un processo chiamato precipitazione.
( ) Quando il raffreddamento del vapore acqueo è eccessivo, dopo la condensazione si solidifica e ritorna sulla terra sotto forma di neve o grandine.
( ) Quando l'acqua cade sull'ambiente terrestre, si **infiltra nel** suolo e finisce direttamente nei fiumi.
( ) Gli esseri viventi ingeriscono o assorbono acqua dall'ambiente e non la utilizzano in diverse reazioni che avvengono nei loro organismi. L'acqua può essere restituita all'ambiente dagli esseri viventi nei processi di respirazione, traspirazione ed escrezione.

13. Sullo squilibrio del ciclo del carbonio e sulla formazione delle piogge acide, segnare (V) per vero e (F) per falso.
( ) Quando i composti organici vengono bruciati, di solito rilasciano anidride carbonica.
( ) Il gas di carbonio è uno dei gas serra, un fenomeno causato dall'uomo e fondamentale per il mantenimento della vita sul pianeta.
( ) Quando c'è troppa CO_2, l'effetto serra si intensifica e la temperatura del pianeta aumenta, cosa che chiamiamo riscaldamento globale.
( ) Attraverso la diffusione si verifica uno scambio di CO_2 tra l'idrosfera e l'atmosfera fino al raggiungimento di un equilibrio tra i due mezzi.
( )La CO_2 presente nell'atmosfera può dissolversi nella pioggia e produrre una sostanza acida, l'H_2CO_3, che agirà nell'erosione delle rocce silicatiche, liberando nell'ambiente ioni Ca^{2+} e HCO_3^{-}. ( )Questi ioni non vengono utilizzati, negli oceani, dagli organismi per la costruzione dei loro gusci, che, dopo la loro morte, si accumulano nei sedimenti.

( ) Questo materiale può migrare verso regioni ad alta pressione e temperatura, dove i carbonati saranno parzialmente fusi. L'azione vulcanica rilascerà la CO_2 nell'atmosfera.

APPENDICE 4 - MODULO DI CONSENSO INFORMATO

MODULO DI CONSENSO LIBERO E INFORMATO

Progetto di ricerca
LA FLIPPED CLASSROOM COME METODOLOGIA ATTIVA NELL'INSEGNAMENTO DEI CICLI BIOGEOCHIMICI IN CHIMICA: UN'ANALISI IN UNA SCUOLA SUPERIORE DI RIO BRANCO- ACRE

1. **PRESENTAZIONE**

La ricerca "LA **CLASSE INVERTITA COME METODOLOGIA ATTIVA NELL'INSEGNAMENTO DEI CICLI BIOGEOCHIMICI NELLA DISCIPLINA DI CHIMICA A RIO BRANCO- ACRE", ha** l'obiettivo di fornire contributi al processo di insegnamento della chimica nell'istruzione secondaria attraverso l'uso della metodologia della classe invertita, considerando le sue potenzialità e i suoi limiti, nel contesto dell'istruzione di base nello Stato di Acri. Le procedure metodologiche per la raccolta dei dati saranno un'attività disponibile alla fine del corso.

2. **CHIARIMENTO**

Questa è una ricerca per il lavoro di conclusione del corso (TCC) del corso di laurea in chimica dell'Università Federale di Acri - Ufac, condotta da **Kauany Andressa de Oliveira Souza e Osvaldo de Lima de Albuquerque Neto e** guidata dal **Prof. Master. Alcides Loureiro Santos**, per la cui realizzazione abbiamo bisogno del vostro contributo e, in tal senso, vi invitiamo a partecipare a questa ricerca.

Sono stato informato che questo studio è condotto dall'**Università Federale di San Giovanni d'Acri**.

Sono consapevole, dopo aver letto questo documento in modo chiaro e lento, che la mia partecipazione al progetto avverrà liberamente e senza alcun imbarazzo a domande precedentemente lette da me (o per me), che affrontano questioni relative al suddetto progetto di ricerca.

Sono stato informato che:

a) Durante il processo di risposta ai questionari posso chiarire qualsiasi dubbio con il ricercatore.

b) La mia partecipazione alla ricerca è volontaria e se deciderò di non partecipare non mi causerà alcun danno.

C) La ricerca è confidenziale e la riservatezza della mia identità sarà completamente preservata.

D) Se desidero conoscere i risultati di questa ricerca.

E) Per ulteriori informazioni e chiarimenti sulla ricerca e/o sulle sue procedure, è possibile contattare la ricercatrice responsabile Kauany Andressa de Oliveira Souza, al numero di telefono **(68) 99920-4205** e all'indirizzo e-mail kauanyandressa123@gmail.com. È inoltre possibile contattare il Comitato etico per la ricerca dell'Universidade Federal do Acre (CEP-UFAC) per richiedere qualsiasi chiarimento etico sulla ricerca. Il CEP-UFAC si trova presso il Campus universitario, Bloco da Pró-Reitoria de Pós- Graduação, sala 26, telefono **(68) 3901-2711**, e-mail **cepufac@hotmail.com,** Rio Branco-Acre, CEP 69.915-900.

3. CONSENSO

Eu _____ ,

RG N° _____ , CPF N° _____ , dichiaro che:

1- Ho letto e compreso il modulo di consenso informato (ICF).

2- Sono consapevole che la mia partecipazione alla ricerca **"INVERTED CLASSROOM COME METODOLOGIA ATTIVA NELL'INSEGNAMENTO DEI CICLI BIOGEOCHIMICI NELLA DISCIPLINA DI CHIMICA A RIO BRANCO- ACRE"** è libera e spontanea.

3- Non ci sarà alcun costo per me e non sarò remunerato per la mia partecipazione.

4- Posso ritirarmi in qualsiasi momento come partecipante alla ricerca, senza dover giustificare il mio ritiro o subire alcun tipo di coercizione o punizione.

5- Non sarò identificato nelle pubblicazioni dei risultati della ricerca.

Alla luce di quanto sopra, esprimo le mie iniziali alle pagine 1 e 2 del TCLE e la mia firma qui sotto come prova del mio consenso informato a partecipare alla ricerca.

Rio Branco - Acre_____ , da _____ 2022.

_____
Partecipante alla ricerca

_____
Ricercatore responsabile

I want morebooks!

Buy your books fast and straightforward online - at one of world's fastest growing online book stores! Environmentally sound due to Print-on-Demand technologies.

Buy your books online at
www.morebooks.shop

Compra i tuoi libri rapidamente e direttamente da internet, in una delle librerie on-line cresciuta più velocemente nel mondo! Produzione che garantisce la tutela dell'ambiente grazie all'uso della tecnologia di "stampa a domanda".

Compra i tuoi libri on-line su
www.morebooks.shop

info@omniscriptum.com
www.omniscriptum.com

MIX
Papier aus verantwortungsvollen Quellen
Paper from responsible sources
FSC® C105338

Printed by Books on Demand GmbH, Norderstedt / Germany